I0153434

LES RELIGIONS

ET LES

LANGUES DE L'INDE

PAR

Robert CUST

Du service civil de S. M. l'Impératrice des Indes
Membre des sociétés asiatiques de Paris, Londres et Leipzig

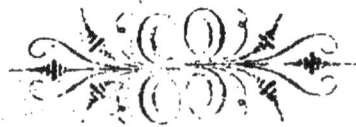

PARIS

ERNEST LEROUX, ÉDITEUR

LIBRAIRE DE LA SOCIÉTÉ ASIATIQUE DE PARIS
DE L'ÉCOLE DES LANGUES ORIENTALES VIVANTES, ETC.

28, RUE BONAPARTE, 28

1880

BIBLIOTHÈQUE ORIENTALE ELZÉVIRIENNE

XXIX

LES RELIGIONS

ET

LES LANGUES DE L'INDE

4712

AUX GRANDS SAVANTS

DE LA SOCIÉTÉ ASIATIQUE

QUI ONT TANT FAIT

POUR L'ORIENT ET LA VÉRITÉ

Le Puy. — Imprimerie de Marchessou fils.

LES RELIGIONS

ET LES

LANGUES DE L'INDE

PAR

Robert CUST

Du service civil de S. M. l'Impératrice des Indes
Membre des sociétés asiatiques de Paris, Londres et Leipzig

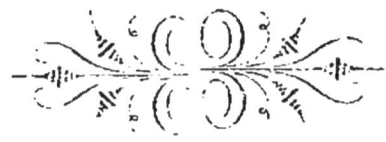

PARIS
ERNEST LEROUX, ÉDITEUR
LIBRAIRE DE LA SOCIÉTÉ ASIATIQUE DE PARIS
DE L'ÉCOLE DES LANGUES ORIENTALES VIVANTES, ETC.
28, RUE BONAPARTE, 28

1880

LES
RELIGIONS ET LES LANGUES
DE L'INDE ANGLAISE

I

LES RELIGIONS DE L'INDE

IMAGINEZ un homme qui tomberait de la lune en Angleterre, et qui ferait une enquête générale sur la religion des habitants des Iles Britanniques. Les uns lui ré-

1. Essays by Colebrooke, Whitney, Max Müller, H. H. Wilson. — Indian Wisdom, by Monier

pondraient une chose, les autres une autre. Les érudits traiteraient le sujet au point de vue historique ou philosophique; les théologiens, au point de vue théologique; l'homme d'Etat soutiendrait que ce n'est qu'une machine pour maintenir l'ordre; les enthousiastes déclareraient que c'est un levier spirituel pour soulever le monde; tous pourraient convenir qu'elle a eu son origine parmi le peuple juif, au milieu de la Syrie, en Asie; mais ils ne seraient d'ac-

Williams. — Antient India, by Mrs. Manning (late Spiers). — Translations of Vedas, by H. H. Wilson, Max Müller, etc. — Translation of Adi Granth, by Trumpp. — Essay on Phallic worship, by Kittel. — Essay on Ghost Worship, by Walhouse. — Essays on Non Aryan worship, by Dalton. — Essay on Brahmoism, by Ne hemiah Goreh. — Vie de Krichna, par Pavie, Weber, Wilson. — Vie de Bouddha, par Barthélemy Saint-Hilaire, Bigandet, Beale, Foucaux, Hardy, etc. — Hindu Sects, by H. H. Wilson. — Indian Castes, by Sherring. — Hinduism, by Wurm, Haug, Ward, Vaughan, Williams. — Sanskrit Texts, by John Muir. — Tree and Serpent worship, by John Fergusson.

cord sur aucun autre point, sinon pour faire usage de gros mots contre tous ceux qui seraient d'une opinion opposée à la leur. Il ne faudrait pas s'attendre à ce que le sujet fût traité avec impartialité, sincérité ou concision.

Les Anglais tombent annuellement, comme de la lune, dans l'Inde anglaise, et sont bientôt convaincus, en dépit d'eux-mêmes, qu'ils se trouvent au milieu d'un peuple qui ignore et qui hait la religion pratiquée en Europe, mais qui est lui-même divisé en un grand nombre de croyances religieuses. On sait généralement que ces croyances peuvent être classées en deux grandes divisions : le brahmanisme et le mahométisme, auxquelles on peut en ajouter une troisième, le bouddhisme; qu'on assigne une antiquité très reculée à certains livres sacrés, et que de magnifiques temples et des foules innombrables d'adorateurs attestent l'importance et la popularité des cultes. Nous nous proposons de faire, sur toute cette matière, une rapide revue, en consultant les ouvrages importants relatifs au sujet. Bien des points sont hérissés de controverse, nous n'y apporterons pas de vues nouvelles.

L'érudit trouvera sans doute à critiquer notre imperfection et notre inexactitude; le missionnaire sera choqué de l'impartialité cynique ou de l'indifférence avéc laquelle nous traitons le sujet; l'Indien pourra, avec plus de justice, se plaindre de la rigueur avec laquelle on apprécie son pays et ses croyances religieuses. Mais nous abordons le sujet avec les plus profonds sentiments de respect, et notre but est de permettre au lecteur d'embrasser d'un rapide coup d'œil tout l'ensemble du tableau, et de lui indiquer les endroits où il pourra se procurer des renseignements plus détaillés. On a écrit des volumes, mais ils ne passent pas sous les yeux de ceux à qui nous destinons ces pages.

Le mot *religion* implique l'idée d'un lien entre l'âme et Dieu, et est par lui-même une chose sainte. Le premier effort du sauvage est de chercher à connaître les forces inconnues de la nature et de les rendre favorables à lui-même. Le premier cri de l'âme, une fois délivrée des entraves de la chair, sera de demander, comme Pilate : « Qu'est-ce qui est la vérité? » Quelque imparfaits que puissent être l'idéal et l'expression concrète du dogme et du culte, ils témoignent du désir ardent de l'âme humaine, dans sa forme la plus haute, et ils doivent être considérés avec respect. C'est une faute, c'est un crime de dénoncer les anciens cultes et les anciennes croyances du monde et de mêler désespérément les questions de civilisation et de morale avec celles de religion, comme si quelques-unes, parmi les plus dépravées, des créatures de Dieu n'étaient pas des chrétiens, et comme si bien des membres des sociétés européennes n'étaient guère meilleurs que des païens. Toutes les religions corrompues et en décadence tombent dans les mêmes errements et remplacent la piété par le faste du rituel et les croyances raisonnables par de grossières superstitions.

Nous emploierons le mot *hindou* dans

son sens ethnique seulement, signifiant un indigène de l'Inde, et non dans son sens religieux, bien que le mot *brahmanique* ne soit pas un équivalent suffisant dans la période védique. Nous devons accepter le terme *aryen* en opposition à ces formes de culte non-aryen qui existaient dans l'Inde avant la grande immigration aryenne et dont le contact modifia si grandement les conceptions religieuses védiques et dont on retrouve encore des restes et des vestiges parmi ces millions de païens non-aryens de l'Inde centrale et des frontières du Sud-Est. Avant de traiter des cultes non-aryens, nous devons exposer les cultes aryens et leurs nombreux rejetons. Aux Aryens védiques succéda, après un certain temps, le système brahmanique; mais celui-ci fut, longtemps avant l'ère chrétienne, supplanté par la grande conception bouddhique et ne régna plus jamais depuis sans rival. Bien que, en effet, à une époque reculée et incertaine, les prêtres brahmaniques aient pu reconquérir le pouvoir grâce aux progrès du Vischnaïsme et du Sivaïsme et bien que le bouddhisme ait été chassé de l'Inde aryenne et dravidienne ; toutefois, l'ancien système religieux antérieur au bouddhisme ne put jamais être rétabli dans sa vigueur, et l'on vit les Jainas, les mahométans, les chrétiens, les juifs, les adorateurs du feu, les Lingaïtes, les Sikhs et beaucoup d'autres sectes en violente opposition entre elles et en antagonisme déclaré avec la religion de la majorité, qui cessa même, après l'invasion mahométane, d'être la religion d'Etat et qui perdit tout pouvoir de persécution directe ou indirecte.

Considérons maintenant la période, le siège et les plus anciens documents de la religion aryenne. En ce qui concerne la période, il n'y a qu'une date constatée antérieurement à la conquête mahométane, et sur laquelle s'appuient toutes les théories chronologiques. Un souverain fameux, nommé Chandragupta, est identifié, suivant toute vraisemblance, avec ce Sandracottus, roi de Palibothra, que les historiens grecs mentionnent comme ayant reçu les ambassadeurs des successeurs d'Alexandre le Grand. Son petit-fils, Asoka, est identifié avec Priadasi qui éleva dans différentes parties de l'Inde des colonnes existant encore aujourd'hui et ordonnant l'observation des pratiques bouddhiques. D'autre part, la date de la naissance de Bouddha est, de l'avis général, fixée à 622 av. J.-C. Les théories des savants, basées sur ces faits, sont très modérées. Colebrooke, s'appuyant sur certaines dates astronomiques, qui ne sont pas acceptées par la science moderne, fixe à 1400 av. J.-C. la date des Védas; Max Müller, par une autre méthode, fixe cette date à 1100 av. J.-C.; de sorte que les livres sacrés des Aryens seraient, dans le premier cas, contemporains de l'Exode, et, dans le second, de l'établissement de la monarchie juive. Admettant une telle date comme la plus éloignée possible, nous devons laisser une large place pour le développement de ce magnifique langage, qui, dès ses plus anciens documents, porte des traces indiscutables de longues années d'usage et de lutte. Les

formes grammaticales ne se bornent pas à
la simple position primaire des racines,
comme nous le voyons dans les textes hié-
roglyphiques des anciens Egyptiens, antérieurs d'un millier d'années au moins. Nos
plus anciens documents en hébreu, comme
en sanscrit, qui peuvent être fixés certainement à 1100 av. J. C., nous présentent un
langage synthétique complètement formé,
et qui ne rappelle nullement les premiers
efforts même d'un peuple cultivé, bien
moins encore ceux de pasteurs immigrants.
Toutefois, nous devons laisser à l'hypothèse le soin de fixer l'époque de la grande
immigration aryenne, et de la compilation
graduelle du psautier védique, qui peut,
comme le psautier juif, comprendre des
morceaux poétiques à une distance de neuf
siècles; car il n'y a pas une moindre période entre les « Eaux de Babylone » et le
« Psaume de Moïse ». Mais ce n'est pas
par son antiquité, c'est par la continuité
de son action sur la race humaine que la
conception védique domine les autres. Les
plus anciennes religions du monde, celles

1*

des Egyptiens, des Proto-Babyloniens, des Assyriens, des Syriens, et les belles créations de la Grèce ont péri depuis des siècles. Delphes est muet, le grand Pan est mort, les grandes institutions fondées par Moïse et Zoroastre ont été réduites à des débris de nations, et ont été pendant des siècles en exil, sans une patrie ni une langue qui leur soit propre. Les grands systèmes propagandistes de Jésus-Christ, de Bouddha, de Mahomet, de Confucius et de Lao-tseu sont de dates historiques. Seule, du milieu de l'épais brouillard de l'antiquité, se dresse la conception védique, encore révérée par des millions de fidèles dans la contrée où elle a vu le jour; et celle-ci a enfanté une idée religieuse plus grande encore, le bouddhisme qui, sous ses différentes formes, compte d'innombrables millions de sectateurs de races non-aryennes.

Nulle part ailleurs le monde n'a vu un si merveilleux phénomène.

En ce qui concerne l'endroit, il n'y a aucun doute. C'est dans la province du

Panjáb, pour laquelle le cœur de celui qui écrit ces pages battra toujours avec le plus tendre amour et avec les plus vifs regrets, que les hymnes védiques furent composées par des Rishis, ou hommes sages, non pas nécessairement brahmanes, au milieu d'une population pastorale qui avait, à une date peu éloignée, quitté la patrie originelle de la race aryenne, et de laquelle, à une époque plus ancienne, s'étaient détachés, pour aller vers l'Ouest, les Celtes, les Teutons, les Gréco-Latins, les Letto-Slavons, et, au sud, la grande tige iranienne. Les langues doivent avoir été formées après la séparation ; car, bien qu'ayant certains points de ressemblance, elles offrent des différences essentielles. On a essayé de réunir tous les mots qui sont l'apanage commun de la famille aryenne avant sa division, et de reconstituer la langue mère, et de tirer de ces os desséchés quelque idée sur la religion et les mœurs des Proto-Aryens ou Pré-Aryens. Cette religion prit rapidement de nouveaux développements; dans la branche iranienne, elle fut épurée par le culte.

du feu ; dans la branche indienne, elle dégénéra en panthéisme. Il est souvent fait
allusion au Panjáb comme à la contrée
des Sept-Rivières : c'est probablement le
Saraswati qui forme la septième. Nous
trouvons d'irrécusables allusions au grand
Océan, ce qui nous porte à conclure que
déjà, à cette période reculée, les immigrants
avaient été au-delà de l'Indus, bien qu'ils
ne fussent pas encore en possession de la
vallée du Gange, fleuve dont il n'est fait
mention qu'une seule fois. Ils trouvèrent
le pays occupé par des tribus d'une couleur plus foncée avec lesquelles ils engagè-
rent une série de luttes perpétuelles, et ils
paraissent avoir eu également des luttes
entre eux.

Les documents sont connus sous le nom
de Védas ; ils sont au nombre de quatre :
tous sont maintenant à la fois accessibles
dans leur texte et dans des traductions au
sujet desquelles on a beaucoup discuté
pour savoir si l'on doit suivre l'interprétation traditionnelle, ou bien si on doit obtenir le sens par la stricte exégèse des savants.

Ces vénérables documents sont d'une incontestable pureté. Aucune copie ne nous est parvenue antérieure au ix⁰ siècle de notre ère et on n'en trouve aucune inscription lapidaire de quelque antiquité ; et sous ce rapport les religions de l'Inde sont dans une position bien moins favorable que celles de l'Egypte et de la Mésopotamie qui sont toutes deux représentées par des documents originaux antérieurs de mille à deux mille ans à l'ère chrétienne, et à l'abri des risques d'un copiste peu soigneux ou d'une faute d'un dessinateur.

Les Védas sont composés d'hymnes, au nombre de plus de mille. Ils sont tels que nous devions les attendre, et tels que aucune des générations postérieures n'aurait pu les composer. On y trouve une antique simplicité de pensée ; les sentiments y sont comme ceux d'un enfant, les premiers sanglots et le premier cri plaintif d'une famille humaine vers le Père puissant qui a créé les êtres, et vers la nature et les éléments, la grande mère qui les a nourris ; et cette enfance de notre race et de notre religion doit attirer à elle les sympathies de tous les cœurs sincères. On n'y trouve pas d'essai de cosmogonie et de connaissance universelle; on n'y voit pas de conscience de soi-même, on n'y trouve rien qui puisse, en quoi que ce soit, servir de base aux gigantesques abominations du Vischnaïsme et du Sivaïsme; il n'y est pas fait mention de Rama ni de Krishna; le nom de Vischnou y est bien mentionné comme celui d'un dieu faisant trois pas, symboles du soleil levant, du soleil de midi et du soleil couchant, ou signifiant, par une autre interprétation, lumière sur la terre comme feu, lumière dans l'atmosphère comme éclair, lumière dans le ciel comme soleil; Siva est supposé être identique avec Rudra, mentionné dans quelques-uns des hymnes; il n'y a pas d'allusion à la grande Triade hindoue ou à la transmigration des âmes, ou aux castes, ou à la philosophie panthéiste des savants, ou au grossier polythéisme des ignorants; il n'y est pas fait mention de temples ni de clergé brahmanique avec le monopole sacerdotal, on n'y trouve pas la moindre allusion au Lingam. Le soleil est adoré, mais il n'est pas fait mention des planètes ; la lune est signalée, les constellations jamais.

Les bénédictions implorées étaient temporelles ; le culte était domestique, il s'adressait à des êtres dont la présence n'était pas réelle, et qui n'étaient pas représentés par des types visibles; ce n'était donc pas l'idolâtrie. On adorait les forces physiques de la nature qui apparaissaient comme des divinités peut-être rivales, à coup sûr irrésistibles ; celles qui frappaient le plus l'esprit étaient le feu, la pluie, le vent, le soleil ; et c'est ainsi que Agni, Indra ou Vayu et Surya constituèrent l'antique triade védique. On leur associa l'aurore, les divinités des tempêtes, la terre, les eaux, les rivières, le ciel, les saisons, la lune et les mânes des ancêtres. Les sacrifices étaient offerts par les guerriers et les prêtres, comme aliments aux dieux ; les hymnes étaient chantés et transmis oralement et un rituel était établi.

Le développement de la religion est né-

cessairement continu comme celui du langage. L'âme de l'homme semble posséder,
comme son attribut congénial, une intui-
tion d'un Dieu grand, juste et sage; un
sentiment de la dépendance humaine dont
témoignent le besoin, la maladie et la
mort; une distinction vague, mais bien
réelle, du bien et du mal? l'espérance en
une vie meilleure, vie toute charnelle et
toute matérielle, il est vrai. Deux causes
contribuèrent à aider au développement de
la simple foi et du culte védique; d'une
part, ce furent les manœuvres des prêtres
brahmaniques pour assurer et développer
leur pouvoir; et, d'autre part, les traces
laissées dans le pays par la religion non-
aryenne. C'est ainsi que se développèrent
graduellement l'anthropomorphisme et le
culte des démons. Il est possible que les
prêtres croyaient en l'unité de la divinité,
et que ces capricieuses créations diverses
ne représentaient que les différentes phases
de la nature divine, les attributs et les
sphères d'opération du Créateur; mais le
vulgaire ne pouvait comprendre cela, et

ainsi le panthéisme fut le produit d'une conception trop grossière et d'une pratique trop matérielle.

Nous ne pouvons que signaler en passant la théorie du culte de l'arbre et du serpent dans l'Inde pré-aryenne, en manifestant un sentiment de respect pour le savant distingué qui l'imagina : elle est en dehors du sujet de notre discussion. On a affirmé que le bouddhisme n'avait fait que ressusciter les superstitions grossières des races non-aryennes, dans lesquelles l'arbre et le serpent jouaient un si grand rôle parmi les Nagas. Nous n'avons pas le droit, toutefois, d'attribuer l'œuvre entière de civilisation aux immigrants aryens : les restes laissés par les Bhars, qui étaient certainement non-aryens, témoignent d'une civilisation avancée, à laquelle les Aryens peuvent avoir fait des emprunts en architecture, aussi bien qu'en religion. Si le Temps est équitable, nous trouverons à la longue combien Sémites et Aryens, et d'Asie et d'Europe, doivent à leurs prédécesseurs non-aryens et non-sémites.

Il a été de mode de considérer le système brahmanique comme n'admettant pas de prosélytes. Mais ce qui prouve qu'il fut à une époque essentiellement propagandiste, c'est l'extension de sa domination spirituelle jusque sur les Dravidiens non-aryens de l'Inde méridionale, et la fameuse colonisation de Java et des autres îles de l'Archipel indien ; mais, dès les premiers jours, il a commencé à absorber les races inférieures. Le nom *Sudra* fut appliqué à ceux qui se résignaient à une soumission nominale ; les termes *Dasya* et *Mlechchha* furent réservés à ceux qui restèrent hostiles et insoumis ; et, après cette absorption d'éléments hétérogènes, il se produisit une modification du culte et du rituel. En dépit des Védas et des Brahmanes, ou peut-être avec la connivence de ces derniers, il y a toujours eu une sorte de courant souterrain d'usages païens ; et le moindre examen démontrera l'existence dans chaque partie de l'Inde d'objets locaux de culte, dont les livres sacrés ne font aucune mention. « *Semper*

ubique, et ab omnibus », peut être la
phrase sacramentelle à Bénarès aussi bien
qu'à Rome, mais elle y est aussi peu fondée. De même que le catholique romain
va se prosterner dans des sanctuaires locaux et s'y livre à un culte voisin de
l'idolâtrie, soit en connivence avec ses
prêtres, soit en dépit d'eux-mêmes, ainsi
dans chaque partie de l'Inde, il y a des
génies sur le sommet des montagnes, il y
a des lacs sacrés, il y a des feux volcani-
ques, comme ceux de Jowala Mookhi
dans le Panjáb, il y a des îles flottantes
comme celles de Mundi, et d'autres célébri-
tés locales qui sont l'objet d'un culte.

Tandis que, d'une part, le simple natu-
ralisme des Aryens était noyé dans un
mélange d'éléments non-aryens, d'autre
part, il se trouvait développé, exagéré et
affermi par les Brahmanes. Les Védas
enfantèrent les Brahmanas, les Aranyakas
et les Upanishads, ainsi qu'une ample
moisson de dogme et de rituel. Le but de ces
compositions, qui nous sont aujourd'hui
plus ou moins bien connues, était d'effec-

tuer, en en conservant le souvenir, les
mystérieuses pensées d'une succession
d'hommes qui possédaient l'esprit le plus
vaste qui puisse être donné à un être
humain. Ils cherchèrent, mais en vain,
par une méthode spéculative et d'examen
intérieur, à atteindre un objet raisonnable
de culte et une base convenable pour
ériger leur idéal moral : si leur raison
avait pu, sans secours, arracher Dieu du
ciel, ils l'auraient fait.

A ces livres, succéda à intervalles inconnus la période philosophique. Fût-ce à
des siècles ou à des dizaines d'années de
distance, il est impossible de le dire, car le
magnifique langage dans lequel sont écrits
les aphorismes ne montre pas assez de divergences pour nous permettre de découvrir une parallaxe de temps. En tout cas,
cette période ne précéda pas de longtemps
les écoles philosophiques de la Grèce, car
Bouddha, qui fut certainement le dernier
en date, était contemporain de Pythagore,
de Confucius en Chine, et peut-être de
Zoroastre en Perse. Il dut y avoir, à cette

période de l'histoire du monde, une grande
fièvre d'investigation. Les six écoles philosophiques de l'Inde, représentées par Ka-
pila, Patanjali, Jaimini, Vyása, Gautama
et Kanada, naquirent du profond désir,
qui était dans des cœurs troublés, de
résoudre le sombre mystère de l'existence :
— Que suis-je? — D'où viens-je ? — Où
vais-je? Sous différents noms et par diverses méthodes, ils imaginèrent quelque
force autre que leur âme même, soit
Visvakarma, soit Purusha, soit Brihas-
pati, ou Brahma, ou Atmán, ou Para-
matmán, la seule âme éternelle et universelle. Ils finirent par découvrir, ce que
les sauvages n'ont jamais connu, que
chaque être avait en lui-même un germe
de l'Eternel, et ils se mirent à rechercher
comment cet élément éternel pouvait être
affranchi de la misérable et périssable en-
veloppe dans laquelle il était enfermé. Ce
fut l'ancienne lutte de l'esprit et de la
matière ; et l'on éprouve la plus vive sympathie pour ces anciens sages, car c'est là
la vraie question qui a toujours déconcerté

les écoles et les peuples et qui oppresse et qui trouble le cœur de l'homme. Les Védas, dans leur simple psalmodie, avaient écarté l'obscure question de l'origine et du but de la peine, de la douleur, de la maladie et de la mort, la raison de la naissance et de la mort, l'existence d'un nouvel état futur et l'inégalité du sort des êtres humains. Mais ces merveilleux aphorismes philosophiques témoignent des aspirations du pauvre cœur humain vers l'inconnu. L'intelligent Brahmane aurait dit sans doute, alors comme aujourd'hui, que les divers symboles et idoles n'étaient que des manifestations du Dieu unique. Le soleil est unique dans les cieux et pourtant il se reflète sous mille formes dans l'eau du lac. Les diverses écoles et sectes sont comme différentes portes par lesquelles on entre dans la même cité. Mais les ritualistes d'alors ne pouvaient rien faire de plus que les ritualistes d'aujourd'hui. Plus les philosophes devinrent athées, plus, en proportion, les classes ignorantes devinrent superstitieuses. Des livres d'un rituel raffiné surgirent à côté de livres où la libre pensée la plus audacieuse se donnait carrière, et la forme extérieure finit par être considérée comme un opiat de la conscience qui pouvait engourdir la douleur, mais non déraciner le mal. Il en résulta la création d'une religion ésotérique et exotérique : une masse de superstitions dans laquelle le vulgaire se vautrait, dominée au sommet par l'athéisme philosophique. Les philosophes de ces écoles, comme les abbés du dernier siècle, n'avaient pas l'honnêteté et la hardiesse d'abandonner la religion d'Etat. Il était réservé aux esprits plus audacieux qui prêchèrent le bouddhisme de franchir ce pas.

Pendant cette période, la race aryenne s'était avancée dans la vallée du Gange et avait atteint la rivière Sone et les Monts Vindya ; les non-aryens avaient été incorporés ou rejetés à droite dans les montagnes de l'Inde centrale ou, à gauche, aux confins de l'Himalaya.

Jusqu'à une certaine époque, dont la

date est l'objet de grandes controverses, les
livres sacrés avaient été transmis oralement de génération en génération : mais il
vint un moment où un rejeton du grand
alphabet phénicien pénétra dans l'Inde,
soit par mer venant de l'Arabie, soit par
terre de la Mésopotamie, cela est encore le
sujet de grandes contestations. Les deux
alphabets d'Asoka représentent les plus
anciens caractères d'écriture de l'Inde : de
caractère indigène, soit idéographique, soit
syllabique, il n'y en a pas trace ; d'ailleurs
un peuple ayant un tel sentiment de lui-
même n'aurait pas omis de marquer les
degrés qu'il aurait franchis pour atteindre
l'art merveilleux d'exprimer des sons au
moyen de symboles, s'il avait réellement
passé par ce grand travail intellectuel dont
nous trouvons des traces manifestes dans
les documents des Chinois, des Egyptiens
et des Assyriens, qui ne purent atteindre
à la simplicité sévère d'un alphabet tel
que l'alphabet phénicien. Les Brahmanes
avaient accru leur pouvoir, et leur arro-
gance s'était augmentée ; ils avaient codifié

les lois dispersées et les coutumes, sous
une forme telle que le monde n'en vit jamais de pareille. La loi des castes fut établie avec une rigueur inflexible; les ma-
riages entre les castes des guerriers et des
prêtres qui semblent avoir pu se pratiquer
dans la période védique, devinrent maintenant impossibles. Si ces lois ont jamais
été réellement pratiquées, les Sudras doivent avoir souffert d'intolérables rigueurs,
mais certaines anecdotes des interminables
poëmes héroïques laissent à supposer que
ces lois ne furent pas si rigoureusement
exécutées. La vie du citoyen ordinaire y
est tracée en détails avec une ridicule pré-
cision. Les pères de famille les plus respectables doivent, à un certain âge, abandonner leur demeure, aller vers la forêt, y
mener une vie d'ermite et céder leurs pro-
priétés à leurs héritiers. La coutume sauvage des enfants qui mangent leurs vieux
parents avec du sel et du citron, coutume
encore en usage parmi les Battas dans l'île
de Sumatra, semble être plus humaine
que celle qui force un couple de vieillards

2

à se retirer dans les forêts et à y mener une vie d'ascètes, après avoir vécu confortablement comme propriétaires. Les funestes embûches de la pénitence et de l'ascétisme, le plus grand fléau de l'humanité, physiquement et spirituellement, commencèrent à se dresser sous leur forme la plus audacieuse. Les cieux furent peuplés par la fiction de dieux qui n'étaient pas dieux par le pouvoir. L'identification de Dieu avec l'Univers produisit un panthéisme. La vaste forêt immémoriale sur laquelle les colons empiétaient chaque jour, fut peuplée d'ogres ; les saints hommes se firent un mérite de se retirer dans ces solitudes, et d'y mener une vie de chasteté, de renoncement, de prière, de sacrifice, de souffrance physique, et obtinrent par là, un pouvoir assez grand pour ébranler les dieux mêmes dans leur céleste demeure, et pour les forcer à avoir recours à d'indignes expédients afin de tenter les saints ermites et de leur faire oublier leurs vœux d'ascétisme en compagnie d'aimables demoiselles qu'ils envoyaient pour leur tentation. Le royaume du ciel était pris d'assaut. Une prière fervente avait alors, comme aujourd'hui encore, dans l'esprit de quelques fanatiques exaltés, le pouvoir de s'exaucer elle-même. Quand la pauvre Humanité se met en rapport avec la Divinité, elle est sûre de tomber dans quelque folie. L'imagination et la fiction, la fausseté et la crédulité se donnèrent libre cours dans des contes de combats miraculeux avec les ogres qui interrompaient les sacrifices; la victoire était suivie de pluies de fleurs célestes, des sons d'une musique divine, et de la vue de célestes danses : tels nous nous trouvons dans la période héroïque.

Quelle que soit la période à laquelle on arriva à la conception d'un *Avatar*, ou *Dieu en chair*, elle marque un progrès étonnant dans le développement religieux. Il doit y avoir quelque profonde vérité sous l'étrange prévision intellectuelle que Dieu devait descendre du ciel et prendre la forme d'une créature afin de sauver le monde. Une telle notion fut inconnue aux Sémites et aux races non-aryennes jusqu'à ce que, dans la plénitude du temps, le Verbe se fût fait chair. Le système brahmanique mentionne neuf de ces manifestations. Dans les premières, les dieux prennent la forme d'animaux, au moins en partie ; dans les suivantes, ils apparaissent comme des héros ; là encore le progrès est marqué. A la tortue succède le poisson ; le loin à l'ours ; puis vient le nain qui franchit les trois grands degrés : les deux Ramas, Krishna et Bouddha ; c'étaient là autant de manifestations de Vischnou, et par conséquent des créations d'une période où le culte de cette divinité était devenu prédominant. En ce qui regarde les premiers Avatars, nous ne pouvons nous livrer qu'à des hypothèses : mais, dans l'histoire de Parasu Rama, nous reconnaissons la lutte des prêtres et leur triomphe sur la classe des guerriers, et dans Rama, le fils de Dasaratha, nous reconnaissons un personnage réel, qui a subi une double transformation, nous apparaissant d'abord comme un héros légendaire, et, quelques siècles plus tard, comme un Dieu puissant. Bacchus et Hercule, et probablement aussi les autres divinités de l'Hellade et du Latium, franchirent les mêmes degrés. Nos pieds semblent toucher ici un terrain solide : nous sommes arrivés à quelque chose qui ressemble à l'histoire ; la légende est encore entremélée à la religion, mais il y a au-dessous une large couche de réalité possible.

Le grand poëme épique, le Ramayana, est consacré au récit de la vie de ce grand héros. On a observé avec justesse que Rama et Krishna nous sont présentés dans le Ramâyana et dans le Mahabharata, chacun sous la double forme d'hommes et de dieux, mais la forme divine n'apparaît que dans une certaine partie seulement des deux grands poëmes, et il semble qu'on l'a ajoutée afin de présenter le personnage divin comme une incarnation de Vischnou, l'idée chère d'un siècle futur ; on peut, en effet, n'en pas tenir compte, sans que le cours du poëme héroïque en soit interrompu. La simple mention de Rama et de Krishna dans un livre antérieur, ne prouverait pas qu'à une époque plus ancienne on eût rendu à ces héros les honneurs divins ; l'histoire fabuleuse cite ces personnages, mais ce fut dans les siècles suivants qu'on les éleva au rang des dieux, à peu près comme dans le cours des ans, la Vierge Marie a été transformée en une divinité, Jeanne d'Arc en une sainte, et comme l'imagination et la superstition pourront peut-être un jour transformer en dieux le roi Arthur et Roland. Nous devons les considérer tels qu'ils apparaissent aux yeux et aux oreilles du peuple, bien que ce soit un anachronisme.

Le grand poëme le Ramâyana a été suivi d'un grand nombre d'autres poëmes sanscrits, tous consacrés au même chant favori. Et ce ne furent pas seulement les poètes sanscrits qui chantèrent le même récit, avec des variantes, mais les poètes dravidiens s'emparèrent du thème et le développèrent chacun suivant son goût ; et bien au loin, à Java, à Bali, à Lampok, dans les îles de l'Archipel Ma-

lais, on retrouve la même histoire, non
dans des traductions serviles, mais sous la
forme de compositions originales en kavi
et en javanais. Au milieu de la riche confusion d'idées où l'imagination se donne
libre cours en vers sonores et harmo-
nieux, où la brillante magnificence du
langage le dispute à la brillante conception de tableaux que les langues orientales seules peuvent peindre, au milieu de
ces magnifiques descriptions de la puissance, de ces paysages, de ces cités et de
ces merveilleux événements, se dresse la
grande figure chevaleresque du héros na-
tional, véritable miracle de chasteté, de
dévouement et d'abnégation.

Il y a bien des années déjà, l'auteur de
ce travail a publié un récit détaillé de la
vie de ce héros, et a tracé sa marche depuis Ayodhya, capitale de son royaume
au nord du Gange, à travers la grande et
inextricable forêt qui séparait alors l'Inde
septentrionale de l'Inde méridionale, jusqu'à Lanka ou Ceylan, et il a identifié les
situations géographiques. Ces détails sont

en dehors de notre sujet actuel qui n'embrasse que le côté religieux du récit. Considérons ce sublime personnage soit réel, soit imaginaire ; combien il diffère de toutes les créations antérieures de l'imagination : la monogamie, la chasteté, l'obéissance filiale, la fidélité conjugale, l'abnégation, le contrôle de soi-même, l'humilité, ne sont pas, en effet, d'ordinaire les signes distinctifs d'un héros oriental. En ce qui concerne la signification cachée sous la légende, les opinions sont diverses : peut-être retrace-t-elle les combats et le triomphe des Aryens sur les races non-aryennes du Sud de l'Inde, bien que nulle mention de ces luttes ne se retrouve dans la littérature dravidienne ; peut-être rappelle-t-elle les luttes de la caste brahmanique contre les bouddhistes, les Jaïns, les hérétiques et les athées ; peut-être symbolise-t-elle le grand mystère de la lutte entre le bien et le mal, ou, enfin, la lutte de Vischnou contre Siva. Quelques-uns voudraient se rejeter sur la théorie solaire, et dans les géants et les ogres voir l'obs-

curité ou l'hiver. Quant à nous, nous
préférons croire à l'existence réelle du héros.

La légende, sans aucun doute, a une
réalité à la fois nationale et religieuse
parmi le peuple de l'Inde. En elle nous
trouvons les germes de la conception religieuse de la *Foi* ou *Bhakti*, la confiance
de l'adorateur en la divinité tutélaire dont
il invoque la protection, l'origine de la sa-
lutation sociale en usage parmi le peuple,
un composé qui est entré dans la forma-
tion de la plupart de leurs noms, et enfin
le motif de leur plus grande fête nationale. A l'aurore de toutes les religions, le
théâtre qui, à une période postérieure, est
si éloigné de tout rapport avec le culte de
la divinité, est intimement lié avec ce
culte, et il participe à l'idée de dévotion.
C'est ainsi que, chaque année, dans chaque ville, dans chaque groupe de villages, cette légende populaire est représentée par des acteurs sous les yeux d'un peuple sympathique, qui écoute pieusement
et en tressaillant de joie. Des temples et

des reliquaires sont dispersés par tout le pays. L'art et le zèle du statuaire, du poète, du peintre et du prêtre a rivalisé à l'envie pour répandre partout le culte de Rama et de Sita et, par ceux-ci, le culte du membre principal de la seconde Triade, Vischnu. La légende s'est développée sans doute entre les mains du chroniqueur, comme cela est arrivé pour la *Légende d'Arthur* et la *Chanson de Roland* dans l'Europe du moyen âge ; mais ce fut à l'absorption de cette légende, mise au service de la religion à une date relativement rapprochée, que celle-ci dut son immense développement. Nous ignorons quand et comment se fit cette transformation, mais il n'est pas douteux que ce fut postérieurement au bouddhisme, et, par conséquent, après l'ère chrétienne.

Si l'on en juge par l'état du développement religieux, il doit y avoir eu un intervalle considérable entre la promulgation et l'acceptation du dogme de l'Avatar de Vischnou comme Rama, et de l'Avatar du même dieu comme Krishna. Tous deux

étaient bien de la classe des guerriers;
tous deux étaient de puissants souverains
terrestres; à tous deux on attribuait une
puissance miraculeuse et de martiales
prouesses; mais l'un était le type de la
vertu et de la modestie, l'autre se distin-
guait par un déréglement et une immoralité effrontée. La main des prêtres apparaît plus clairement dans la dernière
légende; et la conception de la Foi, ou
Bhakti, est largement développée, et avec
elle vient l'Amour, l'amour spirituel aussi
bien que terrestre. Si la pénitence est le
trait distinctif du Sivaïsme, si le devoir
est le trait distinctif de Rama, l'amour,
un océan d'amour, est l'élément dans lequel règne Krishna. Il est le dieu présent,
partout à la fois, l'objet de l'amour de
milliers d'adorateurs, celui qui satisfait
cet amour de tous, tandis que chacun
croit avoir seul son amour en partage. On
ne peut lire le Gita Govinda, le Cantique
des Cantiques indien, et la Bhagavad
Gîta, le plus grand effort de l'esprit humain livré à lui-même, sans éprouver le

sentiment qu'on entre dans un nouvel ordre d'idées, et qu'on s'est avancé dans le diapason de l'intelligence humaine, bien au-delà des périodes védique, philosophique et héroïque?

Les documents où nous trouvons des renseignements sur ce personnage sont les grands poëmes héroïques, le Mahabharata, le Bhagavata Pourana, le Gita Govinda de Jayadeva, et beaucoup d'autres ouvrages traitant le même sujet. Les parties de Mahabharata relatives à Krishna sont de manifestes interpolations d'une date beaucoup plus récente. La guerre entre les tribus de même race qui eut lieu sur les bords du Saraswati dans le Panjáb, fut probablement antérieure à l'histoire de Rama, dans laquelle nous trouvons les Aryens paisiblement établis bien plus bas dans la vallée du Gange. Il peut y avoir eu un chef, du nom de Krishna, engagé dans la lutte, mais il est représenté comme souverain de Dwarka, sur les bords de l'océan Indien, dans la péninsule de Kattywar, au sud des monts Vindya. Sa pé-

riode historique peut avoir été 1300 av.
J.-C., mais son apothéose ne peut pas remonter au delà de l'an 700 de notre ère,
et fut évidemment le sujet de luttes assez
vives. Nous voyons sa supériorité établie
sur toutes les autres divinités, et chacune
de celles-ci exposée au ridicule et à la dé-
faite. Siva et Brahma, qui composent avec
lui la nouvelle triade, Agni, Indra, Va-
runa et Yama, les anciennes divinités védiques, sont toutes placées dans une situation désavantageuse dans les légendes
composées pour exalter le culte de Krishna.

L'attaque contre Indra semble avoir été
spécialement un mouvement intellectuel,
une révolte contre le culte des éléments !
A ce degré du progrès humain, les cœurs
des adorateurs semblent aspirer vers une
divinité personnelle. Indra pouvait tout
au plus punir ou protéger dans ce monde,
mais la nouvelle conception religieuse s'é-
tendait jusqu'au delà du tombeau, dans
un autre monde. Les Egyptiens étaient
arrivés à cette idée d'Osiris deux mille ans
auparavant.

Quant au degré d'action que les dogmes judaéo-chrétiens et les dogmes brah-
mano-bouddhiques exercèrent les uns sur
les autres, dans la période antérieure au
mahométisme, il faut, pour traiter cette
question, une grande sévérité de jugement et un esprit froid et impartial. Il est
hors de doute que ces dogmes furent contemporains et qu'il put s'établir entre eux
un contact à l'époque des Ptolémées et
postérieurement. Les premiers naviga-
teurs sur la mer Rouge, les caravanes
persanes de l'Euphrate au Gange pouvaient avoir importé ou exporté, en même
temps que les articles du trafic de l'Orient
et de l'Occident, des doctrines, des pensées et des idées qu'on ne peut oublier,
des mots qui, une fois prononcés, vivent
pour toujours. Mais qui bénéficiait de l'é-
change? Bien de la science a été dépensée
dans cette grande controverse. Il existe
une ressemblance entre Krishna et Bacchus, entre Krishna et Apollon, le dieu de
la vie, de la poésie et de la lumière, l'objet
de l'admiration des jeunes filles amoureu-

ses; entre Krishna et Hercule, et Orphée;
il existe aussi une étrange communauté de
circonstances dans la légende du héros-
dieu de l'Inde, et, nous parlons avec respect, l'histoire du fondateur de la religion chrétienne.

Il est possible que les peintures de la
Vierge, mère de Dieu, et les légendes des
faux évangiles aient pénétré dans l'Inde
par les Nestoriens, et que des détails aient
été pris et ajoutés à la légende naissante
du jeune Krishna. On a témoigné de l'in-
dignation contre ceux qui ont affirmé que
l'histoire des évangélistes avait été empruntée à l'Inde, mais ceux qui, sans la moindre preuve, affirment que la légende indienne tire son origine de la Syrie, ne
doivent pas se plaindre si les brahmanes
retournent l'argument, et s'efforcent de
montrer combien il est entré de paganisme
européen dans le christianisme. Les savants qui s'occupent de mythologie comparée peuvent probablement faire dériver
les deux légendes de la même origine
commune du mythe solaire.

La ressemblance des noms est fortuite. Il était nécessaire que Vischnou s'incarnât de nouveau pour délivrer le monde de Kansa, roi de Muttra, sur la Jumna. Celui-ci apprit qu'un fils de Vasudeva et de Devaki devait le détruire. Il s'empara donc des parents, les emprisonna et massacra leurs six premiers enfants, mais il ne devait pas réussir à triompher ainsi du destin. Le septième enfant fut miraculeusement tiré du sein de sa mère et déposé dans le sein d'une autre femme, qui lui donna le jour, sous le nom de Bala-Rama; tandis que le huitième, Krishna, ainsi nommé à cause de sa couleur noire, était, grâce à la faveur des dieux, et en dépit des gardes, des murailles et des rivières, emporté par son père et confié aux soins de la femme du berger Nunda, dont l'enfant fut ramené pour occuper la place de Krishna. L'enfant fut ainsi élevé dans une étable, au milieu des bergers. Dans la légende, il est aussi fait mention d'une étoile et du paiement d'un tribut. Puis on y voit les efforts de Kansa pour faire périr le jeune enfant, puis une suite d'exploits miraculeux, et la vie voluptueuse de Krishna, qui surpasse Salomon, sinon en sagesse, du moins par le nombre de ses femmes. On y voit aussi Krishna ressusciter les morts, genre de miracle peu commun dans l'Inde, redresser un bossu et effacer d'un simple regard la tache du péché. On a analysé avec soin la Bhagavad Gita, et on y a signalé de nombreux passages comme des emprunts manifestes aux Evangiles. Les critiques qui discutent ces questions oublient qu'une simple coïncidence de langage ne prouve rien, et que des coïncidences de pensée peuvent s'expliquer en réfléchissant au fonds commun des maximes, des idées et des conceptions orientales, qui remontent à une période bien antérieure à l'ère chrétienne.

Les uns ont voulu voir dans la légende la lutte du système brahmanique contre les Bouddhistes, ou celle des Vischnaïstes contre les Sivaïtes. D'autres ont vu dans l'étrange licence qui y règne une réaction contre la sévérité des mœurs

bouddhiques. L'imagination lascive et
charnelle du poète insiste sur l'amour des
bergères pour leur seigneur, tandis que les
théologiens plus circonspects ne considé-
raient ces bergères que comme des incarnations de l'hymne védique. Le poëme
de Jayadéva a des ressemblances étranges
avec le Cantique des Cantiques de Salomon. Le lecteur instruit y verra sans doute
dans Krishna le corps humain, dans les
bergères les attraits des sens, et dans
Radha, la favorite, la connaissance des
choses divines ; le poëme entier peut aussi
être considéré comme une allégorie de
Dieu et de la prière, l'âme humaine et
l'Etre divin étant représentés dans l'amant
et dans l'objet aimé. Au milieu du mysti-
cisme des Sufis, dans un tel rapproche-
ment du bien et du mal, il faut avancer
d'un pas ferme ; en présence de telles doctrines dans le sanctuaire, déguisées sous
l'apparence de l'amour divin, nous devons nous attendre à trouver parmi la
multitude ignorante la plus grande licence
et la justification des crimes commis par

une divinité, grâce à la théorie commode
des illusions, ou *maya*. La décadence de
la morale, de la religion et de la conscience n'est plus bien loin.

Quelque chose du même caractère semble avoir passé à travers toute l'histoire
religieuse, et nous apparaît dans les allé-
gories du fiancé et des épousailles et dans
les rêves de jeunes femmes comme sainte
Catherine et sainte Agnès, qui croyaient
avoir épousé leur Seigneur; le même sentiment a suggéré l'idée des couvents de
femmes. Le Prem-Sâgar de Krishna n'est
que l'océan de l'amour : L'amour dans le
ciel et le ciel dans l'amour : mauvais et
dangereux contraste de mots et de sens,
dangereux surtout pour un peuple oriental. En lisant les vers de Sadi, le poète
persan, nous sommes étonnés et surpris
d'y voir la coupe de vin et l'amant employés dans un sens si différent de celui
qui leur est attribué d'ordinaire. Les pro-
phètes hébreux ne sont pas exempts de ces
dangereuses ambiguïtés et de ces figures
de langage. Le mélange inconvenant des

choses humaines et divines se fait bien
moins sentir dans la mythologie grecque,
car les théologiens de l'Inde ont conçu des
idées si sublimes sur la divinité, que la
conscience est choquée, quand on essaie de
justifier cette grossière immoralité de l'incarnation de Dieu dans la chair, en décla-
rant que l'on est tenu de croire aux actes
de Vischnou, que sa conduite ne peut être
discutée, comme s'il s'agissait d'un mystère, et que l'Etre suprême ne peut pas
être exposé à pécher. Le blasphème ne
peut aller plus loin et nous en verrons les
conséquences dans les fantaisies des Valla-
bhas.

Mais la conception de la foi était merveilleuse ; nous en trouvons un exemple
dans le Vischnou Purana, dans l'histoire
de ce sage qui, après avoir passé par plusieurs transmigrations, pouvait se souvenir des événements d'une vie précédente,
et se souvenait aussi immédiatement après
sa dernière mort, et qui, tandis qu'il gisait
ayant à demi conscience de lui-même, en-
tendait le roi de la mort défendre à ses ser-

viteurs de porter la main sur un homme qui était mort dans la foi de Vischnou.

Il est singulier que les auteurs de la Bhagavad-Gita aient choisi le milieu d'une bataille comme le moment propice pour placer une instruction sur les sujets philosophiques les plus élevés que l'homme puisse concevoir ; il est plus singulier encore que, dans la *Chanson de Roland*, au milieu d'un combat entre Roland et son adversaire, le moine, auteur du poëme, sous l'influence de l'esprit de son temps et de son ordre, ait interpolé une longue discussion théologique.

Nous avons été obligés de traiter en même temps les conceptions héroïques et divines de Rama et de Krishna, en ayant soin toutefois d'observer qu'entre les deux conceptions, il s'était écoulé un laps d'au moins dix siècles. Dans l'intervalle, était apparu sur la scène un homme plus grand qu'eux, le plus grand des mortels, qui ait passé sur la terre. Ses contemporains et ses successeurs le connurent sous les noms de Sakya, Siddhartha, Gaudama,

Tathagata et Bouddha : il appartenait à la caste des guerriers et était le fils d'un roi de l'Inde transgangétique. La date qui lui est assignée est fixée, de l'avis général, vers 622 av. J.-C. Aucun homme n'a laissé des traces plus profondes de son passage sur la terre. Ses sectateurs se comptent encore par millions; leur nombre dépasse de beaucoup celui des chrétiens et des Mahométans; ils occupent toute l'Asie orientale, y compris Ceylan, la Birmanie, le Tibet, Siam, le Cambodge, la Cochinchine, la Chine, la Mongolie, la Mandchourie et le Japon, bien qu'ils aient été chassés de la contrée où leur doctrine avait vu le jour, après y avoir régné pendant plusieurs siècles. Bouddha inventa ou du moins fut le premier à pratiquer ouvertement la propagande par voie d'argumentation; il détruisit les castes, rejeta les prêtres, ne tint pas compte des Védas ni des autres livres sacrés, abolit les sacrifices, détrôna les dieux du ciel, fit appel au plus haut idéal de la morale et préconisa, comme une inspiration suprême, l'absorption dans la divinité. Il fut, par le fait, l'apôtre du nihilisme et de l'athéisme; car en deçà du maître il n'y a rien, et au delà de la mort rien non plus, sinon l'extinction. Le bouddhisme a donné naissance à une littérature si volumineuse en sanscrit, en pâli, en tibétain, en birman, en péguan, en siamois, en cambodgien, en annamite, en javanais, en chinois et en mongol, qu'il faut encore le travail d'une autre génération pour que l'on puisse se former une conception juste de ce qu'elle contient.

A côté du bouddhisme, et ayant avec lui beaucoup d'analogie, nous trouvons le jaïnisme. Fut-il antérieur ou postérieur au bouddhisme, ce point a été récemment l'objet de bien des controverses. Ce qui est certain, c'est que le jaïnisme possède, comme le bouddhisme, une littérature colossale et tout aussi imparfaitement connue, et l'esprit reste confondu devant la tâche de débrouiller cet écheveau de subtilités et d'arguties accumulées par des générations d'hommes. Les Jains semblent

avoir eu leur période de suprématie dans
l'Inde méridionale, mais ils ne forment
plus aujourd'hui qu'une secte insignifiante; ils reconnaissent les castes, et, s'ils
renoncent à leur hérésie, ils peuvent être
admis à jouir de tous les privilèges dont
ils ne sont qu'en partie dépossédés. Ils
poussent jusqu'à l'extravagance le respect
pour la vie des animaux.

Il est difficile de dégager les faits historiques des légendes, qui se sont formées
autour de l'histoire. Heureusement nous
possédons des documents, qui, par leur
abondance et leur caractère, sont au-dessus de tout soupçon de fraude. Nous avons
des inscriptions sur des colonnes et des
rochers qui remontent jusqu'à l'an 250
av. J.-C., et des documents écrits de deux
familles bien distinctes, dont la séparation
est antérieure à l'ère chrétienne, et qui
toutes deux remontent à Magadha ou
Béhar, où Bouddha vécut et mourut. La
famille septentrionale est en langue sanscrite et en langue tibétaine, elle date de
l'époque où, devant la réaction brahma-

nique, les bouddhistes s'enfuirent dans les montagnes voisines du Népal, où, par une ironie du sort, ils furent suivis par les brahmanes fuyant eux-mêmes devant les mahométans. La famille méridionale est en langue pâlie, le prakrit magadhi. Ce fut dans cette langue que le dogme fut porté à Ceylan, où la même religion fleurit encore et d'où elle s'est répandue dans la Péninsule indo-chinoise. Aucune religion ne s'appuie sur des documents aussi nombreux et aussi purs que le bouddhisme.

Siddhartha était un Radjpoute; il était fils du rajah de Kapilavastou, Etat de petite dimension, situé à peu près entre Oudh, Gorakhpur et le Népal. Sa naissance fut accompagnée de miracles qui sont surprenants par leur étrange ressemblance avec l'histoire de l'Evangile, bien que l'événement autour duquel ils se sont produits soit de bien des siècles antérieur. Ils sont aussi étonnants par eux-mêmes. Nous n'en citerons qu'un seul. Aussitôt après sa naissance, l'enfant fit sept pas vers chaque point de l'horizon en prononçant les paroles suivantes : « Dans tout ce monde, je suis le vrai maître; à dater de ce jour, mes naissances sont terminées. » Jusqu'à l'âge de vingt-neuf ans, sa vie fut vertueuse, mais ordinaire; il se maria et eut un fils. Un jour, dans sa promenade, il rencontra un vieillard et il apprit de lui que la vieillesse et la décrépitude étaient le lot de tous. Un autre jour, il rencontra un homme accablé de maladie, et il apprit que la maladie était le lot de tous. Un troisième jour, il rencontra un cadavre porté au milieu du deuil et des lamentations, et il apprit que la mort était le lot de tous. Accablé du sentiment des misères de la pauvre humanité, il revint à son palais, détestant sa splendeur et son bien-être et ne voulant plus considérer que la mutabilité du bonheur terrestre. C'est la vieille et triste histoire, et elle est racontée dans les différentes versions et légendes avec une beauté romanesque; elle formerait en elle-même un thème pour un poète ou un moraliste. Mais Siddharta n'était pas un rêveur. Une autre fois encore, il

rencontra un mendiant, au visage serein,
au costume simple, que le monde avait
abandonné et qui avait abandonné le
monde, qui avait banni de son cœur la co-
lère, la concupiscence et la douleur; en
lui, Siddhartha reconnut le type qu'il devait adopter.

Il quitta le palais de son père, et, pendant cinquante ans, il erra dans un cercle
restreint. Après de longues méditations
dans l'ermitage de Bouddha Gaya, dans
la province du Bengale, il devint un *bouddha* ou *illuminé,* et fonda une nouvelle
société. Il adopta la méthode de voyager
en prêchant dans la langue du pays devant
toutes les classes de la population, sans
distinction de caste. Il n'admettait l'existence d'aucun dieu et, par conséquent, il
abolit le sacrifice, mais il institua l'usage
de la confession. Du moment où il n'y a
pas de Dieu, il ne pouvait y avoir d'idoles
ni de prêtres. Ses disciples se réunissaient
dans un monastère, en conservant le droit
d'en sortir à leur gré; on en chassait ceux
qui commettaient certaines fautes, d'une

nature toute morale. Chaque année, ils voyageaient pour prêcher leurs doctrines; ceux qui n'aspiraient pas à la haute faveur de devenir bouddhas, pouvaient demeurer dans les sentiers de la vie ordinaire, en y pratiquant la vertu et en attendant de plus hautes destinées dans une naissance future.

A l'âge de quatre-vingts ans, en l'an 543 av. J.-C., le grand maître mourut à Kusinagara dans la même province. Il mourut comme il avait vécu, sachant que sa fin était prochaine, au milieu de ses disciples, et ses dernières paroles furent celles-ci : « Il ne peut y avoir aucun « doute dans l'esprit d'un vrai disciple, « que ce qui cause la vie cause aussi la « destruction et la mort. N'oubliez jamais « ceci; que vos âmes soient pénétrées de « cette vérité. Je vous ai appelés pour « vous la faire connaître. » Cette dignité de Siddhartha en quittant la vie, comme un office rempli avec honneur, pour le profit de ses semblables, peut supporter une comparaison avec celle de Socrate ou de saint Jean l'Evangéliste.

Après sa mort, des conciles furent tenus pour recueillir ses préceptes, établir son église, et la propager au delà des frontières de l'Inde. Les volumes qui contiennent ces doctrines sont connus sous le nom de Tripitaka, ou les trois corbeilles. Le premier est le Sutra qui contient les points de doctrine et de pratique, le second est le Vinaya ou la discipline ecclésiastique, le troisième est l'Abhidharma ou la métaphysique et la philosophie. Nous pouvons présumer qu'ils sont parvenus jusqu'à nous tels qu'ils ont été fixés par le concile, car la séparation complète des Bouddhistes du Nord et du Sud nous offre cet avantage de nous permettre de confronter les documents et de les comparer. On y trouve de fréquentes allusions aux autres dieux des Brahmanes, mais il n'est fait aucune mention de Krichna, ce qui permet de fixer la date. Les bases de cette religion ont été résumées dans la très ancienne formule, inventée probablement par le fondateur lui-même, et que l'on appelle les Quatre Grandes Vérités : —

I. La misère accompagne toujours l'existence.— II. Tous les modes d'existence résultent des passions et des désirs.— III. On ne peut se soustraire à l'existence qu'en détruisant le désir. — IV. On peut arriver à cette fin en suivant les quatre sentiers vers le Nirvana. Ces sentiers sont les suivants : d'abord, le cœur doit être en éveil ; le second état est d'être affranchi de désirs impurs et de sentiments de haine ; le troisième et dernier état est d'être affranchi de désirs mauvais de l'ignorance, du doute, de l'hérésie, de la méchanceté, du chagrin, et le tout doit être couronné par une charité universelle.

Il est véritablement stupéfiant que cette forme de morale athée, sans passion, sans espérance, ait pu faire vibrer les cœurs du cinquième de la race humaine. C'est comme si la Bible consistait dans le seul livre de l'Ecclésiaste. « Vanité, vanité, tout est vanité, dit l'Evangéliste. » Et pourtant le monde est beau, et les facultés de l'homme sont capables de bonté, de grandeur et de vertu, et l'immortalité de l'âme

semble être une idée innée de l'espèce
humaine. Quoi qu'il en soit, et quelque
opinion que nous puissions nous former
de cet étrange système qui jeta de si profondes racines dans le cœur des hommes,
il n'y a aucun doute que Bouddha se
dresse comme le plus grand héros de l'humanité, et que plus les hommes pourront
connaître ce type illustre, idéal de ce à quoi
la race humaine peut s'élever par ses seules
forces, mieux cela vaudra.

Il y a d'étranges analogies entre le bouddhisme et son fondateur, et le christianisme. Nous y trouvons le même progrès
de l'intelligence humaine dans l'abolition
totale des sacrifices. Quand le brahmanisme reconquit sa puissance, les sacrifices
sacerdotaux, jadis en usage, ne furent
plus renouvelés, sauf à de très rares excep-
tions. On sentait que cet usage avait fait
son temps. Le sacrifice a également disparu complètement dans le mahométisme.
Une seconde coïncidence étrange, c'est
que le bouddhisme, comme le christianisme, fut chassé, d'une manière absolue et

complète, du pays où il avait vu le jour, et au génie duquel il ne pouvait s'adapter. On peut, il est vrai, demander : le bouddhisme a-t-il été chassé ? A quelle époque l'a-t-il été ? Il est plus probable que le bouddhisme se relâcha de sa stricte observance dans l'Inde, et que le brahmanisme se modifia lui-même par l'étonnante assimilation du contact. Bouddha lui-même se trouva élevé au rang d'un avatar de Vischnou. Au VIIe siècle, le voyageur chinois Hiouen Tsang trouva les deux cultes établis côte à côte, comme on les trouve encore aujourd'hui, dans l'île de Bali. En maints endroits, on trouve des traces d'assimilation de culte et d'adaptation de temples et d'idoles. A la longue, le bouddhisme cessa d'être la religion d'État ; le sentiment populaire était alors contre lui ; Sankara Acharya prêchait le culte de Siva et les nouvelles doctrines. Les irréconciliables se réfugièrent au Népâl ; le culte s'éteignit ; il ne s'est pas conservé de souvenir distinct de ce qui se passa alors, mais les monastères désertés et les temples d'Ajunta ne portent aucune trace de destruction violente. Le culte, ou plutôt la croyance, disparut complètement dans le viie siècle de l'ère chrétienne, et c'est à peine s'il y a encore un Bouddhiste indigène dans l'Inde. Le bouddhisme de Bokhara et de Kaboul se laissa aller au culte de Zoroastre, mais dans ces contrées, où la civilisation brahmanique n'avait pas encore jeté de racines, le triomphe du bouddhisme fut complet. Sans nul doute, il subit de grandes modifications au contact du paganisme indigène. Il fut spiritualisé et devint le lamaïsme au Tibet ; dégradé, il devint le shamanisme dans l'Asie centrale ; en Chine, il se mélangea avec le confucianisme ; à Ceylan et en Birmanie, il se pétrifia dans une idolâtrie sans vie. L'histoire de Bouddha, par un singulier caprice du hasard, est à peu près celle de saint Barlaam et de saint Josaphat dans les légendes des saints de l'Eglise catholique romaine. Aucune religion n'a plus contribué au perfectionnement de la race humaine que le bouddhisme. Ce que le christianisme a

fait pour l'Europe, ce dogme étrange l'a
fait pour les régions de l'Asie orientale ; il
a élevé la race humaine et détruit ou modifié les abominables coutumes païennes.

Une doctrine étrange, qui ne date guère
que de l'époque védique, mais qui était le
produit intellectuel d'une époque plus ancienne, pénétra par les bouddhistes dans
le système néo-brahmanique. Nous vou-
lons parler de la transmigration des âmes.
Elle est plus consolante que la doctrine de
la fatalité qui pesait auparavant sur le
monde. Sous l'influence de cette doctrine,
un homme qui est pauvre, affligé et mal-
heureux, n'est pas dans cette triste condition parce que le Destin cruel en a décidé
ainsi et parce qu'il n'a en son pouvoir aucun remède, passé, présent ou futur. Au
contraire, il sent que sa situation présente
est le résultat de ses fautes morales dans
une vie passée, qu'il expie maintenant, et,
s'il ne peut changer son état présent, du
moins il est maître de l'avenir, et, par
une bonne vie, il peut s'assurer une
future naissance dans une condition meil-

leure. Toutes les écoles philosophiques
ont reconnu cette doctrine, aucune ne
fut assez hardie pour la discuter. Les
bouddhistes l'admirent, eux qui avaient
rejeté toutes les autres doctrines proto-
brahmaniques ; et pourtant ce n'est pas
un problème de l'esprit humain évident
de soi-même, et il n'est pas d'intelligence européenne, quelque dégradée, quelque ignorante soit-elle, qui puisse être
portée à l'admettre. Cependant cette doctrine est la croyance du cinquième de la
race humaine. En l'acceptant, les écoles
philosophiques de l'Inde se sont mises à
rechercher, à leur tour, comment cette pé-
nible migration de l'âme de corps en corps
pouvait se terminer, comment on pouvait
parvenir à la libération, ou *moksha*. Ne
pas exister, est alors la récompense suprême. En réalité, c'était un essai pour
obtenir la solution de cette grave diffi-
culté; pourquoi, dans ce monde, les mé-
chants jouissent-ils d'une si excessive prospérité, pourquoi les justes subissent-ils une
oppression si mystérieuse ? C'est ainsi que

l'on arriva à établir un rapport entre des
causes produites dans une existence antérieure, et des conséquences qui se dévelop-
pent dans une vie suivante. On ne peut
bien comprendre l'immensité du contraste
intellectuel entre les sectateurs du mahométisme et ceux du brahmanisme, que si
l'on place la conception sémitique de l'immortalité de l'âme en regard du dogme de
la transmigration, avec possibilité d'absorption ou nihilisme.

Nous arrivons maintenant au dévelop-
ment de la seconde Triade : Brahma, le
créateur; Vischnou, le conservateur; et
Siva, le destructeur. Cette combinaison
est tout artificielle et repose clairement
sur un compromis théorique. Brahma ne
compte pour rien ; il n'a qu'un ou deux
temples et de très rares adorateurs. La religion brahmanique, dans la période postérieure au boudhisme, est un assemblage
de parties empruntées à divers systèmes
opposés. La mode et le goût jouent leur
rôle. Les uns préfèrent Siva, les autres
Vischnou ; un troisième parti importe un

élément féminin, un « Dieu Mère », représentant cette expression du sentiment religieux qui se traduit dans les honneurs
semi-divins rendus à la Vierge Marie. Tel
fut le cas dans le vieux monde païen ;
l'Egypte, la Grèce, la Syrie fournissaient
des dieux, comme aujourd'hui l'Espagne,
l'Italie et la France fournissent des saints
à l'adoration fervente d'une populace superstitieuse. Les peuples veulent des saints
locaux comme ils veulent un drapeau na-
tional. C'est ainsi qu'une femme fut attribuée à chaque personnage de la seconde
Triade ; Brahma eût Saraswati, la déesse
de l'éloquence ; Vischnou eût Lakshmi ou
Sri, la déesse de la fortune, et Siva eût pour
compagne cette déesse aux aspects divers
et terribles, connue sous les noms de Dévi,
Kali, Gauri, Uma, Durga, Parvati, Bha-
wani, et qui plonge dans un abîme de dégradation devant lequel nous reculons.

Le culte de Siva est signalé par Mégas-
thenès et doit, par conséquent, être antérieur au bouddhisme, bien qu'il fût inconnu à l'époque védique. Il dut être

combattu par les Brahmanes, mais le courant populaire était trop fort. Nous savons
avec certitude que, au temps de Mahmoud
le Gaznévide, il existait douze sanctuaires
célèbres pour le culte du Lingam, dont
l'un était Somnath, qui fut détruit par cet
Iconoclaste. Le Lingam ou Phallus, avec
son accompagnement ordinaire, est maintenant le seul et universel emblème du
culte de Siva. Mais il n'est pas certain
qu'il en ait toujours été ainsi.

Quelques savants ont affirmé que ce
culte était d'origine non-aryenne, mais on
a répondu qu'il n'en existe aucune trace
chez aucun des peuples non-aryens encore
existants, et qu'il n'y a aucune preuve
d'une telle filiation. Il n'y a aucune signification indécente dans le symbole du Lingam. Aucuns rites d'un caractère lascif ou
honteux ne sont nécessairement attachés à
cette idole de pierre. Le même culte existe
en Egypte et en Grèce, et les égyptologues
attribuent à l'obélisque la même origine.
Ce symbole se retrouve dans les hiérogly-
phes égyptiens sans aucune réserve, et sans

mauvaise intention : en réalité, il se rattache au grand culte de la nature. Les
adorateurs de Siva, bien que répandus par
toute l'Inde, prédominent dans le Sud,
où le culte sivaïte fut rétabli par Sankara
Acharya après l'expulsion des bouddhis-
tes, vers le VIIIe ou IXe siècle A. D. Le
culte, ainsi que nous l'avons dit, était an-
cien ; mais de même que le culte héroïque
de Rama et de Krishna se développa dans
le Vichnaïsme, de même le culte du Lingam, à son rétablissement, se développa
dans le Sivaïsme. Le culte de la plante
Tulsi et de la pierre Salig-Ram joua un
grand rôle parmi les Vichnaïstes. Ces
deux cultes de divinités rivales, indépendantes, suprêmes et omnipotentes n'étaient
pas nécessairement en antagonisme, mais
la lutte résulta de l'ardeur ignorante de
leurs sectateurs. Dans le style ampoulé des
Pouranas, nous voyons Arjuna adresser à
Siva une prière muette, tout en gardant à
Krishna sa foi inflexible. Quelque temps
avant, une simple préférence pour une divinité particulière, analogue au choix d'un

catholique romain pour un saint spécial,
suffit pour faire affirmer que cette divinité
particulière est le Dieu suprême et unique. Les principes femelles, ou sakhtis,
marquèrent encore un développement
nouveau et plus grossier, notamment en
ce qui concerne Durga, l'épouse supposée
de Siva ; nous les trouvons exposés dans les
Tantras, qui nous sont imparfaitement
connus, mais qui, nous le savons, abon-
dent en obscénités. La dégradation s'était
rapidement développée. L'étude des Védas
était complètement négligée ; elle ne consistait plus que dans la répétition de mots
vides de sens : la foi dans la divinité populaire suffisait à tout et remplaçait la
science, le rituel et la morale. Ne nous
étonnons pas de ce constant changement
de dogme et de pratique, et songeons qu'il
eût été bien surprenant que, contrairement
aux choses humaines, le dogme fût resté
immuable. Le panthéisme de la période
proto-brahmanique dégénéra en polythéisme dans la période néo-brahmanique.

A une époque de l'histoire du monde, le

christianisme aurait pu se propager dans l'Inde, si le Maître éternel des choses humaines n'en avait pas décidé autrement, soit par la domination politique, soit par la prédication évangélique. On ne peut trop rappeler que si le christianisme a été la religion du grand empire romain et des pays qui ont reçu de lui leur civilisation, il n'a pas été plus loin, quelque ait pu être le zèle ou l'affirmation des missionnaires syriens. Au temps des Antonins, il était déjà évident que le Tigre serait à jamais la limite extrême de l'empire romain. La religion de Zoroastre opposait au christianisme une barrière infranchissable, mais elle-même disparaissait, quelques siècles plus tard, devant le dogme de Mahomet. L'Inde perdait ainsi la chance de devenir chrétienne par la domination politique. Une nouvelle voie était ouverte au christianisme par les efforts pacifiques des missionnaires nestoriens, mais ceux-ci ne purent lutter en Extrême-Orient contre les progrès des missionnaires bouddhistes, et ils furent impuissants à combattre le nou-

veau développement du sivaïsme et du
vischnaïsme. L'occasion était bonne cependant. Le système brahmanique avait
été ébranlé jusque dans ses fondements,
et, pour une raison ou pour une autre,
le système bouddhique n'avait pas jeté
de racines. Les vieilles croyances étaient
détruites, et les idées nouvelles étaient
accueillies avec enthousiasme, et il faut
regretter, pour la civilisation et pour
l'humanité, que la victoire soit restée à
des conceptions aussi grossières et aussi
misérables que celles du vischnaïste Krichna et du Lingam Sivaïste. Mais il faut
se rappeler que ces conceptions étaient
originaires du sol même, qu'elles étaient
comme moulées sur les sentiments du
peuple, entrelacées avec les légendes héroïques et soutenues par une caste sacerdotale et héréditaire. Nous n'avons pas
encore une connaissance suffisante des
sources secrètes de l'histoire du monde
pour être en état d'analyser les motifs
et les circonstances, qui rendent possible ou impossible l'adoption par un peuple

d'une foi nouvelle. La Chine, l'Indo-
Chine et l'Extrême-Orient acceptèrent la
religion que l'Inde repoussait. L'Europe
embrassa ce christianisme que l'Asie et
l'Afrique rejetaient. La doctrine de Mahomet se répandit sur tout l'Orient, s'imposa
aux îles de l'Archipel indien, mais ne prit
jamais racine en Europe. Aucune religion
étrangère ne s'est jamais implantée dans
l'Inde et n'a pu entraîner les masses de
population aryenne, depuis le temps de
l'immigration des ancêtres védiques : la
population musulmane de l'Inde se compose soit d'étrangers domiciliés, soit de
convertis non aryens.

Il fut un temps aussi où la religion sœur
du peuple iranien aurait pu se répandre
dans l'Inde. Nous avons montré plus haut
que de même que les deux nations étaient
des rameaux d'une même souche, de même
les langues et les religions avaient une
proche parenté. Le génie des Iraniens pré-
férait les conceptions morales aux conceptions grossières et plus matérielles des
Hindous qui adoraient les éléments de la

nature. Leur doctrine, après avoir été encore raffinée par Zoroastre, devint la plus pure de toutes les doctrines des cultes primitifs et la plus proche de celle des Juifs. La tendresse de Cyrus et de Darius pour leurs sujets sémites est attribuée à cette communauté d'idées en matière religieuse, communauté que les Juifs n'auraient peut-être pas voulu reconnaître cependant. Bien des siècles plus tard, les derniers adorateurs du feu, fuyant les persécutions des musulmans, se réfugièrent dans l'Inde, et y emportèrent leurs livres sacrés et leur antique foi, bien que dans la suite ils aient renoncé à leur langue. Ce furent les Parsis, et ce nom est synonyme, dans l'Inde, de richesse, d'énergie et de considération ; cependant leur foi n'a pas trouvé de nouveaux sectateurs, leur religion n'a fait aucun prosélyte. La même remarque s'applique aux Juifs qui ont dans l'Inde d'anciens établissements, mais qui n'ont jamais obtenu le moindre succès dans le pays.

Mais tandis que les chrétiens, les adora-

teurs du feu et les Juifs n'essayèrent pas,
ou furent trop faibles pour le tenter, d'introduire un élément religieux dans l'Inde,
soit par force, soit par persuasion, une violente lueur s'éleva tout à coup de l'Arabie
et illumina toute l'Asie occidentale et le
nord de l'Afrique jusqu'aux Colonnes
d'Hercule. C'était le mahométisme. La
doctrine, que prêchaient ses sectateurs
était si simple qu'elle était immédiatement
comprise et ne pouvait être ni oubliée ni
discutée; elle était si claire pour la raison
pure de l'homme qu'elle semblait un
axiome, et si vaste qu'elle convenait à
toutes les races et à toutes les classes de
l'humanité. « Il n'y a de Dieu que Dieu! »
Cette conception était simple, mais ni un
Hindou ni un Iranien n'auraient pu la
formuler; c'en était fait des temples, des
autels, des sacrifices et des conceptions an-
thropomorphiques; il ne restait plus qu'un
Dieu, incapable de péché et de souillure,
un Dieu de merci et de pitié; le Roi du
jour du jugement, un Dieu qui écoute les
prières et qui est prêt à pardonner aussi

longtemps que le soleil se lèvera à l'Orient,
non pas un Dieu spécial à chaque peuple,
mais le Dieu de tous, Dieu unique, omni-
présent, omniscient, omnipotent. Cette
doctrine avait beaucoup emprunté aux
Juifs et aux chrétiens, mais jamais elle
n'avait été si fortement établie, ni formu-
lée dans un style si étincelant.

Bouddha était mort depuis douze cents
ans. Mahomet, né dans des temps historiques, n'émit pas la prétention de faire des
miracles ni de se diviniser; il fut un pré-
dicateur, et il écrivit le Koran. La promulgation de ses doctrines (622 av. J.-C.)
marque l'une des grandes divisions de
l'histoire. Les sacrifices humains, l'idolâtrie, les coutumes abominables, les rites
sauvages, le cannibalisme disparurent devant l'islamisme. Les auteurs chrétiens
oublient quelquefois comment la civilisation a été développée par la promulgation
des grandes religions propagandistes, comment les races païennes sont restées jusqu'à ce jour dans un état d'avilissement,
parce qu'elles n'ont pas subi l'influence

bienfaisante d'une foi éclairée. Vers l'an
1000 avant J.-C., le mahométisme pénétra
dans l'Inde, à l'aide de l'épée, et son histoire y est bien connue. Depuis longtemps,
l'épée est rentrée au fourreau, mais la religion s'est développée pacifiquement parmi
les races non aryennes jusqu'aux confins
de l'Inde. Dans le gouvernement du Bengale, des millions d'hommes ont accepté la
civilisation et le grand dogme fondamen-
tal de Mahomet, en dépit de toutes les ex-
travagantes absurdités de l'enfer et du ciel
musulmans.

Il y a dans l'islamisme une expression
de vérité éternelle, un vif reflet de ce grand
fait spirituel qui est, en effet, le commen-
cement de tout progrès : « la nature infinie
du devoir », dont la conséquence est que
les actes de l'homme ne périssent jamais,
et qu'ils ne disparaissent pas complètement ; l'homme, dans sa courte vie, peut
gagner le ciel ou mériter l'enfer ; il porte,
cachée en lui, une éternité merveilleuse et
terrible.

Il a été donné au mahométisme de se

développer dans des contrées où le christianisme n'a jamais pu pénétrer. Le mar-
chand arabe le porte en croupe derrière lui
dans les déserts de l'Afrique, et il le donne
aux races noires comme le premier germe
de la civilisation ; le pirate malais le porte
aux cannibales et aux sauvages de l'Archipel indien, et il leur parle de l'égalité des
hommes, de l'abolition du pouvoir sacerdotal, de la certitude du jour du jugement.
Il s'est même établi jusque dans la Chine
occidentale, et y a lutté contre le bouddhisme. Sans faire de grands efforts de pro-
sélytisme, sans avoir recours à des prédi-
cations de missionnaires, il voit s'accroître
incessamment le nombre de ses sectateurs,
car il n'y a rien dans sa simple formule
qui puisse ébranler la raison, rien qui
exige une grande somme d'intelligence et
de foi. Le mahométisme a supplanté de
hideuses superstitions, et la plupart de ses
graves défauts peuvent être attribués aux
restes de paganisme qu'il porte à ses
flancs.

Nous ne pouvons clore ce rapide aperçu

des religions de Brahma, de Bouddha et de Mahomet, sans rappeler que leurs fondateurs ont été les bienfaiteurs de l'humanité, et que c'est par la permission de Celui qui dispose des choses humaines qu'ils ont pu jouer leur rôle et qu'ils ont contribué au progrès de l'humanité, en enseignant aux hommes les bienséances de la vie, en détruisant parmi eux l'anthropophagie, en leur apprenant à vivre dans des maisons réunies en villages, en les soumettant aux liens du mariage et aux devoirs envers les parents, en leur apprenant à labourer la terre, à sillonner l'océan, à fonder des États, à construire de magnifiques cités et à léguer à la postérité une merveilleuse littérature, aussi admirable qu'immense.

Il est hors de doute que, de l'existence même de la religion et de la puissance mahométanes, il résulte une influence salutaire pour les religions des peuples non musulmans : ce fut, en outre, une éclatante et vivante protestation contre le polythéisme.

Nous arrivons maintenant à l'époque des Pouranas que l'on appelle quelquefois le cinquième Véda. Les Pouranas sont évidemment des œuvres modernes, compilées pour le profit d'une secte, et qui dénotent beaucoup d'ignorance et de suffisance; mais, comme ils sont contemporains de l'ère chrétienne, nous y trouvons des extraits et des citations d'anciens documents, et ceci leur donne une grande valeur, indépendamment de leur intérêt comme écrits ayant supplanté les Védas dans l'affection du peuple. Les sectes sont alors ou vischnaïte ou sivaïte. Les disciples de Ramanuja et de Mádhava, qui vivaient au xiie ou au xiiie siècle, constituent la grande secte vischnaïte : ils forment deux subdivisions qui méritent d'être signalées, car elles témoignent des merveilleuses coïncidences des efforts de l'esprit humain. Ces deux branches d'une même secte rappellent la lutte entre les calvinistes et les arminiens. L'une insiste sur la participation de la volonté humaine pour procurer le salut; l'autre soutient l'action irrésistible de la grâce divine. Et, fait qui caractérise bien l'Inde, l'une adopte ce qu'on appelle l'argument du singe (parce que le jeune singe se cramponne à sa mère en l'étreignant pour être porté par elle en sûreté), et représente l'âme s'accrochant à Dieu; l'autre emploie l'argument du chat, qui représente Dieu s'attachant à l'âme (parce que le jeune chat est sans défense, jusqu'à ce que sa mère vienne le saisir et le mettre à l'abri du danger).

Après Ramanuja, qui vivait dans l'Inde méridionale, vint Ramanand, qui se fixa à Bénarès. Tous deux furent dévoués à Vischnou, dans la personne de Rama. Chaitanája fonda au Bengale une secte dévouée à Vischnou, dans la personne de Krichna. Une autre secte, qui mérite une notice spéciale, se consacra à Krichna dans sa forme d'enfant; ce fut la secte Vallabhacharya ou Maharája. Les maîtres spirituels de cette secte ont eu l'audace d'affirmer, qu'ils étaient eux-mêmes des incarnations du jeune Krichna, et qu'ils brûlaient des mêmes passions et des mê-

mes désirs pour leurs disciples. Sous le
voile de la religion, cette doctrine avait
abouti à l'immoralité la plus révoltante,
et elle fut complètement dévoilée sous son
véritable aspect dans un procès devant le
tribunal de Bombay, qui montra bien au
peuple par un jugement sévère cette vérité,
que ce qui est mauvais en morale ne peut
être bon en théologie.

La foi, d'après les ouvrages sacrés, tel
avait été le premier cri. La foi sans ces ouvrages, ou même en dépit d'eux, tel fut
le nouveau cri, et il en résulta qu'elle dégénéra jusqu'à l'anomianisme.

Parmi les sectes sivaïtes, une des plus remarquables est celle des Lingaïtes, car elle
montre quelle étonnante élasticité prend
la communauté religieuse brahmanique.
Cette secte fut fondée au XIIe siècle par
Basava, natif du Deccan. Ses membres ne
reconnaissent pas les castes ni l'autorité
brahmanique; ils repoussent toute idolâtrie, excepté le culte du Lingam, dont ils
portent l'image sur le bras et attachée au
cou. Dans leurs temples, aucun Brahmane

n'officie; ils ne croient pas à la transmigration de l'âme, ils ne brûlent pas leurs morts et permettent aux veuves de se remarier. Une de leurs particularités, c'est la considération qu'ils témoignent aux femmes. Ils s'appellent Jangam et sont abhorrés des sivaïtes aussi bien que des vischnaïtes. Ils vivent, soit en communauté dans les couvents, soit en errant et en mendiant. Dans le cens, on les compte comme Hindous. Le Basava-Pourana et d'autres livres énumèrent leurs doctrines.

Une secte plus remarquable encore, au nord de l'Inde, est celle des Sikhs, dans le Panjáb. Les réformateurs indiens sont tous venus, employant la langue vulgaire du peuple, et transmettant-des messages prophétiques contre les prêtres brahmaniques. Leurs messages étaient, en général, vagues et peu substantiels, spéculatifs plutôt que pratiques, et ne faisaient sur le peuple qu'une impression passagère, quoique profonde. Quelques-uns cependant surent faire vibrer la corde sensible de leurs concitoyens et visèrent à la fondation d'une nouvelle église et d'un nouvel état politique. De ce nombre furent notamment Kabír et Nának.

Kabír était un des douze disciples de Ramanand, le réformateur vischnaïte, qui, au xve siècle de notre ère, avec une audace inconnue jusque-là, attaqua tout le système d'idolâtrie, ridiculisa les Brahmanes et les Védas, et se tourna avec la même énergie contre les musulmans et contre le Koran. Il était d'une famille de tisserands, et l'on assure même qu'il était mahométan. Les légendes se sont développées autour de ce personnage; l'une d'elles, qui a un certain air de vraisemblance, affirme qu'il défendit ses doctrines en présence de Sikandar Shah. Il créa une secte, connue sous le nom de Kabír Panthi, qui n'acquit jamais grande importance, bien qu'elle se soit complètement séparée, dans les points essentiels du culte, de la communion brahmanique; et bien qu'elle ait produit, en différents dialectes aryens modernes, une volumineuse littérature, qui dût produire sur l'esprit du

peuple une grande impression, Kabír vécut et mourut près de Bénarès, au centre
du brahmanisme, et ses doctrines libérales
ne purent jamais se donner libre cours.

Bien différent fut le sort de son successeur Nának qui put, à son gré, développer
sa doctrine, la répandre et la prêcher. Il
était né à Tulwandie, près de Lahore,
dans le xvᵉ siècle, au moment, où l'empereur Baber venait d'y fonder une nouvelle
dynastie, et où le système brahmanique
était écrasé sous le poids d'un pouvoir
musulman établi dans le Panjáb, c'est-à-
dire au berceau même de la conception
védique. En 1859, l'auteur de ce livre a
raconté avec tendresse la vie du grand fondateur de la religion sikh, ou plutôt de la
secte sikh de la religion brahmanique, en
suivant ses pas depuis le village, qui lui a
donné le jour, jusqu'à la ville où il est
mort. Nának a peut-être tenté une fusion
des deux grandes religions rivales, mais il
n'atteignit son but en aucune façon ; il
visa sans doute à l'abolition des castes,
mais il n'y réussit pas. Il fit appel au peuple

dans sa langue vulgaire, forme archaïque
du panjábi, et ses doctrines sont parvenues
jusqu'à nous dans l'Adi-Granth, récemment traduit en anglais. Ce livre, qui ne
peut être mis en comparaison avec les livres védiques ou bouddhiques, est plus moderne que le Koran et que les Pouranas.
Nának et sa secte auraient probablement
disparu et seraient restés ignorés sans la
maladroite persécution des mahométans,
qui les poussa à une sorte de rage; il en
résulta que, sous Govind-Singh, successeur
spirituel au dizième degré de Nának, la
secte fonda un nouveau système religieux
et civil, dont la gloire est aujourd'hui
éclipsée et qui s'est laissé absorber par le
brahmanisme, grâce à l'influence pacifique
et conciliante de celui-ci.

La domination d'un gouvernement étran-
ger tout puissant, qui ne daigne ni persécu-
ter, ni encourager, n'est pas favorable au
développement de sectes nouvelles, même
lorsqu'elles sont d'une nature pacifique et
toute doctrinale; quant à ce qui est in-
décent, cruel, ou de nature à troubler

l'ordre civil, le gouvernement le supprime tranquillement. Les Sikhs enthousiastes ont disparu grâce à l'entière liberté qui leur a été laissée; les Wahábis, réformateurs musulmans, sont réprimés parce qu'ils troublent la paix de l'empire; les bandes errantes de pieux mendiants, qui pourraient avoir créé de nouveaux avatars, sont dispersées par la police; la confiscation des dotations appauvrit les institutions locales pour le soutien de moines paresseux.

Quiconque a vécu au milieu du peuple ne peut avoir manqué de remarquer avec intérêt et respect les couvents disséminés par toute la contrée, et rappelant les monastères de l'Europe au moyen âge. Il y a d'abord la petite concession de terrain donnée par l'Etat, le sanctuaire, la demeure du prêtre et de ses disciples spirituels, la salle de réception des étrangers et quelque pauvre pièce pour l'école ou les malades. De ces communautés, les plus respectables sont les Bairâgis, qui présentent un contraste frappant avec les horribles Sanyâsi et les féroces Nihung. L'auteur de ce livre

a souvent habité dans leur voisinage, et,
s'il y trouva peu de savoir et de piété, du
moins il y rencontra beaucoup d'urbanité
et l'aspect d'une communauté paisible,
morale et inoffensive. Un vieux Bairâgi,
qui égrenait son chapelet en répétant ses
prières, lui demanda un jour s'il adorait lui
aussi quelque Dieu et de quelle nature il
était.

Leur genre de vie est simple. Le matin,
au lever du soleil, ils viennent, au bord de
la rivière, répéter le fameux *Gáyatri* :
« Méditons sur la lumière sacrée de ce
divin soleil, et puisse-t-elle illuminer nos
âmes. » Ce seul chaînon nous reporte à
plus de quatre mille ans en arrière et unit
les Bairâgis à leurs ancêtres védiques. Puis
vient le culte du sanctuaire, et les prières
journalières aussi dégénérées que le dogme
et le rituel ont pu les rendre.

Des fêtes et des pèlerinages constituent
la partie essentielle de la religion pour le
peuple. On peut, en effet, proclamer comme
un axiome, que plus la foi va en se per-
dant, plus le nombre de jours consacrés à

des dieux et à des saints augmente, et plus grand est le nombre des sanctuaires. Le calendrier brahmanique de divinités et de sanctuaires s'enrichit de nombreux emprunts faits à des superstitions locales non-aryennes : les mêmes tendances religieuses des hommes se retrouvent du reste partout ; c'est ainsi que la bénédiction des bestiaux, qui se fait à Rome le jour de la Saint-Antoine, correspond à une cérémonie pareille, qui a lieu à la fête de Pongol, à Trébéni, près de Madras.

Un autre point de ressemblance singulière nous frappe, en comparant le deuxième et dernier avatar avec les prédictions de la révélation. A la fin du *Kâli-Yuga*, quand l'espèce humaine est devenue complètement méchante, quand le Véda est oublié, quand l'âge moyen de l'homme est tombé au-dessous de vingt-trois ans, Vischnou doit reprendre de nouveau une forme humaine sous le nom de Kalki, et on le verra chevauchant sur un cheval blanc, ayant à la main une épée à deux tranchants, tel qu'on le représente sur les murs des palais et des temples. Il détruira alors tous ceux qui ne sont pas de la foi brahmanique et il les forcera de rentrer dans les sentiers de la vertu. Il est bon de remarquer que cette prophétie ne peut pas remonter à une période antérieure à la conquête musulmane.

Dans le sud de l'Inde, la religion brahmanique ne s'étendit jamais que de nom jusqu'aux basses classes : il est toujours difficile d'établir, comment un nouveau culte a détruit ou renversé celui qui le précédait. Il est notoire, par exemple, qu'à Java il n'y a qu'une couche légère de mahométisme sur la religion ancienne. Dans le sud de l'Inde et dans l'Inde, en général, les pèlerinages aux *dévis* et aux sanctuaires locaux révèlent clairement leur origine ; dans l'Inde méridionale, le culte de Kali, la femme ou l'énergie femelle de Siva, n'est autre chose qu'une assimilation d'une *dévi* locale ; et dans le grand temple de Madura, côte à côte avec Siva, siège une divinité locale, empruntée aux cultes non-aryens par les rusés Brahmanes. Dans chaque village, il y a une *dévi*, reste

de l'ancien culte; et un temple remarquable nous permet de fixer une date importante pour la chronologie; ce temple consacré à une des puissances femelles de Siva,
nommée Kumári, c'est-à-dire vierge, et qui
est mentionné dans le Périple vers 200 av
J.-C., est situé à l'extrémité méridionale de
l'Inde, aujourd'hui le cap Comorin.

Il y a aussi le culte des démons, qui est
en tout semblable au culte des fantômes
de la côte occidentale. Les prêtres de ce
culte dansent en tournant avec frénésie, et,
lorsqu'ils sont tout à fait sous l'empire du
démon, ils sont adorés eux-mêmes comme
des divinités par les spectateurs qui les
consultent et leur exposent leurs besoins.
Tels étaient dans l'antiquité les bacchantes
et les prêtres de Cybèle. A la même origine, se rattachent les derviches-tourneurs
introduits dans la religion musulmane, et
les cérémonies des Shamanites dans le
nord de l'Asie. Dans toutes les religions
de la seconde ligne nous trouvons les restes
du paganisme antérieur.

La religion brahmanique s'est étendue

sur toutes les religions secondaires de l'Inde, mais non sans que les anciennes affections ne survivent dans les basses classes. Notamment dans le nord de l'Inde, les classes inférieures, qui n'ont pas leur place marquée dans le système brahmanique, ont leurs divinités particulières, et c'est à tort qu'on les nomme Hindous dans le recensement. La plupart des habitants des vallées de l'Himaláya ne sont brahmaniques que de nom ; leur culte est encore naturaliste : chaque pic remarquable, chaque lac, chaque forêt a sa divinité, à qui sont offerts des sacrifices de chèvres : les temples sont nombreux, dont les prêtres ne sont pas toujours des Brahmanes ; enfin, des coutumes telles que la polyandrie y subsistent encore.

Mais il y a complètement en dehors de la foi brahmanique des millions de païens non-aryens de l'Inde centrale, et des montagnes de l'Himaláya que les recensements comptent comme des espèces d'Hindous, par une appréciation aussi étrange que celle qui compterait un anabaptiste comme un catholique romain.

Pendant trois mille ans, ils ont combattu les immigrants aryens, qui les ont chassés de leurs anciens domaines. Nous ignorons la nature exacte de leur culte et de leurs antiques coutumes. Ils n'ont ni temples, ni prêtres, ni littérature ; mais, d'après eux, nous pouvons imaginer ce qu'étaient les habitants de l'Inde avant l'immigration aryenne. Sans doute leurs jours sont comptés. La prospérité, l'éducation, et la civilisation, ne peuvent pas coexister avec le paganisme ; et il sera curieux de voir dans quelles proportions les enrôlera chacune des religions rivales, qui sont prêtes à les recevoir. Le bouddhisme, le mahométisme et le brahmanisme ont déjà fait parmi eux de nombreuses conquêtes ; il reste à observer si le christianisme ne pourra pas aussi se propager parmi eux avec succès.

De même que la religion des Jains est un composé de doctrines bouddhiques et brahmaniques, de même que la religion des Sikhs semble avoir pour but d'opérer la fusion entre le mahométisme et le brahmanisme, ainsi, dans ces dernières années,

nous avons assisté à une tentative de fusion
entre le christianisme et le brahmanisme,
qui se présente sous le nom de brahmoïsme.
Nous avons une extrême sympathie pour
ceux qui, comme Ram Mohun Roy, ont
tenté de remonter le cours des siècles en
essayant de faire revivre, au xixᵉ siècle,
l'éthique et le rituel des Védas.

Ce n'est là qu'une forme exagérée des
tentatives du parti ritualiste chrétien pour
faire revivre les sentiments du moyen âge,
sans songer que le temps a passé par dessus.
Mais nous n'avons qu'indifférence pour
ceux qui, se joignant aux unitairiens, s'ap-
proprient sans façon les divines vérités du
Nouveau-Testament, tout en niant la divinité de leur auteur ; or c'est là le dernier
et le plus intéressant des mouvements religieux de l'Inde.

On doit admettre que, durant les longues périodes védique, proto-brahmanique,
bouddhique, néo-brahmanique, à travers
lesquelles a passé la religion de l'Inde,
la libre recherche, une extrême liberté,
l'athéisme philosophique et la tolérance

illimitée ont toujours été de règle et toujours pratiqués. Nous ne pouvons omettre
de signaler les efforts continuels pour
rompre le lien des castes ; que les réformateurs soient bouddhistes, qu'ils soient
lingaïtes ou sikhs, leur première réforme
sociale est toujours de détruire cette inégalité artificielle, et de manger et de boire
ensemble.

Dans le sanctuaire de Jagaunâth, un des
temples du culte de Vischnou, il n'existe
pas de caste. Ces faits présentent de sérieux
sujets de réflexion. D'ailleurs, il faut observer que plus la caste est inférieure,
plus les règles sont sévères; avec de l'argent
on peut enfreindre ces règles. Le sectaire
et le guru ont toujours joué le rôle de
prophète en antagonisme avec la caste
sacerdotale héréditaire; et la conception
moderne de *bhakti*, ou foi envers le maître
spirituel, et envers une divinité spéciale,
a accentué ce formidable libéralisme de
sentiments, et ce fait s'est produit malgré
les circonstances les plus défavorables. Et
maintenant que l'éducation libre et l'en-

tière liberté de pensée et de religion sont devenues l'apanage du peuple, maintenant que le sanctuaire mystérieux des Védas a été exposé à la vue de tous, nous n'avons plus qu'à assister au développement de ce mouvement.

Voyons froidement et sans passion quelle est la position des chrétiens en face des sectateurs du brahmanisme. Nous autres, Européens, nous sommes trop disposés à considérer ceux qui professent cette religion comme nos inférieurs, non-seulement comme état de civilisation, mais aussi comme capacité intellectuelle, et à flétrir comme à demi-sauvage, un peuple dont la civilisation était déjà très brillante à l'époque où Jules César trouvait les habitants de la Gaule et de la Grande-Bretagne encore couverts de peaux de bêtes. Ce n'est pas au point de vue du XIXᵉ siècle que nous devons nous placer pour considérer les points sur lesquels ils sont en retard; reportons-nous plutôt au XVIᵉ siècle, à l'époque où, en Europe, l'imprimerie était encore en enfance, et où la diffusion des

connaissances était empêchée par le manque
de cet instrument puissant de communication ; quand les princes et les évêques
circulaient à travers les villes, montés sur
des ânes, ou portés en litière à dos d'hommes ; quand on avait la plus grande considération pour un homme qui avait voyagé
jusqu'à Rome, ou pour un savant capable
de lire la Vulgate et d'écrire sans faire trop
de fautes ; quand on prenait pour un sage
celui qui se piquait d'interpréter les astres,
et pour un juge équitable celui qui con-
damnait à mort une vieille femme accusée
de sorcellerie ; alors que l'on considérait
comme un homme dangereux, quiconque
osait penser, et comme irréligieux, quiconque niait le droit divin des prêtres et des
rois, et la perfection absolue de la religion
d'Etat. Les critiques que nous adressons
quelque peu étourdiment aux indigènes de
l'Inde, s'appliquent avec bien plus de force
à nos ancêtres. De fait, il n'y a pas longtemps que nous en sommes arrivés, en
matière religieuse, à cette tolérance, que les
Hindous ont toujours professée et prati-

quée envers les autres, étant, par leur nature aussi bien que par leur croyance, complètement indépendants de ce besoin de propagande, qui a désolé le monde occidental depuis la chute de l'empire romain.

L'examen d'une religion est un terrible sujet, que l'on ne peut traiter à la légère ni discuter superficiellement. Sur un million d'hommes, il n'y en a peut-être pas un qui choisisse sa propre religion. Celle-ci lui est inculquée, pour ainsi dire, avec le lait de sa mère ; et son esprit d'enfant, encore trop faible pour distinguer le vrai du faux, est tellement frappé, que rien, sinon une convulsion morale et intellectuelle, ne peut y effacer les premières empreintes et rendre à son jugement le pouvoir de faire librement un choix. Ces impressions sont confondues avec les liens sacrés de la famille et resserrées par les liens de l'affection. S'il était possible de soustraire les enfants d'un peuple au contact et à l'influence de la génération qui les précède, nous pourrions convertir l'Inde en un quart de siècle.

Nous pouvons nous féliciter d'avoir été élevés, durant notre enfance, dans une foi dont nous n'avons pas à rougir, parvenus à l'âge mûr, et dans laquelle nous pouvons aimer à revenir nous reposer, après les doutes et les incertitudes de la jeunesse. Mais nous ne devons pas traiter à la légère une religion qui existait bien long-temps avant que le grand plan de la ré-demption humaine n'ait été exécuté; avant que le mystère des mystères n'ait été rendu clair, même à l'intelligence des plus ignorants; dont les documents écrits sont antérieurs aux Psaumes de David, et dont les disciples et les sectateurs sont plus nombreux que les chrétiens eux-mêmes. Les raisons qui empêchent encore tant de millions d'âmes de croire à ce que nous considérons comme l'unique moyen de salut, est un de ces mystères que Dieu ne nous a pas encore révélés. Nous pouvons bien méditer sur les mots : « *Quand les temps furent accomplis* », et demander : quels temps? et pour qui? pour le monde entier, ou bien pour l'empire romain seulement? Pourquoi les millions d'habitants de l'Inde furent-ils laissés à l'écart pour tant de siècles? A l'époque où la parole divine fut révélée aux Juifs et aux Gentils de l'Asie occidentale, le culte dégradé de Siva n'existait pas encore : la religion brahmanique était dans sa fraîcheur, dans sa jeunesse et dans sa pureté; l'esprit de la nation était encore neuf et plus apte à recevoir les impressions; aujourd'hui, il est trop tard, elles n'ont plus de prise sur lui.

Nous ne devons pas non plus mépriser cette forme de religion, qui inculque à ses adeptes la stricte observance des formes extérieures, et qui est basée sur la purification du corps et sur l'abstinence de choses dogmatiquement défendues. Les religions anciennes ordonnèrent ces mêmes pratiques, et notamment cette religion, qui contenait en germe notre propre foi. Si le lavement des vases, si l'observance des fêtes, si la purification du corps, si la séparation en tribus, ne parurent pas au législateur du mont Sinaï des sujets indignes d'être traités pour l'instruction du peuple de

Dieu, nous ne devons pas être si disposés à rire, en voyant les minutieuses pratiques auxquelles s'astreint le religieux brahmane. La sanction de longs siècles et de générations nombreuses a donné à ces observances un caractère de sainteté, et l'esprit intérieur, dont elles furent jadis inspirées, n'est pas encore tout à fait dissipé.

Il ne peut échapper à quiconque réfléchit sérieusement sur ce sujet, combien la religion d'un peuple emprunte de couleur au tempérament de ce peuple, à son état plus ou moins avancé de civilisation, et, dans une certaine mesure, au caractère physique du pays qu'il habite. L'histoire du christianisme passé et présent vient à l'appui de cette assertion. Quelle que soit la tendance de chaque siècle à considérer ses propres vues sur ce sujet comme définitives et ses conclusions comme inébranlables, à croire la porte fermée à toute discussion future, la génération suivante se rit de ces précautions, car, par la loi du progrès, chaque siècle adopte insensiblement des formes qui lui conviennent et remanie ses dogmes de la manière qui s'adapte le mieux à ses tendances. Nous pouvons de là conclure que les vues religieuses d'un peuple suivent, soit en élévation, soit en dégradation, le mouvement de civilisation de ce même peuple; et de même que, lorsque nous trouvons dans les Védas des signes d'un caractère bien plus élevé que ceux que nous rencontrons aujourd'hui, nous pouvons penser que la décadence de la religion a suivi celle de la nation, de même nous pouvons espérer que le relèvement manifeste de celle-ci, sous l'influence de la civilisation présente, peut la conduire, dans le temps fixé par Dieu, vers de meilleures destinées.

Si la religion brahmanique nous étonne par son antiquité préhistorique, le mahométisme nous surprend par sa nouveauté ; si celle-là nous frappe par sa froide immobilité (plus apparente toutefois que réelle), celui-ci nous stupéfie par sa force de propagande. On confond quelquefois sous le même mot de paganisme ces deux grandes doctrines religieuses, sans songer à tout ce qui les sépare. Tandis que l'idolâtrie du Brahmane nous choque, nous sommes frappés de la simplicité immaculée du croyant mahométan, qui, plusieurs fois par jour, se met en communication verbale avec son Créateur, et le prie avec une croyance absolue en une vie future, avec une ignorance parfaite de sa tache originelle et du besoin d'un sauveur, enfin avec une croyance entière dans la sagesse, la puissance et la justice de Dieu. Nous admirons la grande tolérance du système brahmanique qui, pourvu qu'on ne l'attaque pas, n'attaque jamais lui-même, et nous critiquons l'intolérance fanatique des musulmans, sans songer que le christianisme aussi a été bien intolérant, jusqu'au jour où il a été tenu en échec par le rationalisme.

Cette foi des musulmans est telle qu'elle les soutient dans toutes les difficultés de la vie, et qu'elle donne la paix à leurs derniers moments. Un pacha, tombé dans la disgrâce et la ruine, disait : « Dieu est grand et bon ; c'est lui qui m'avait donné

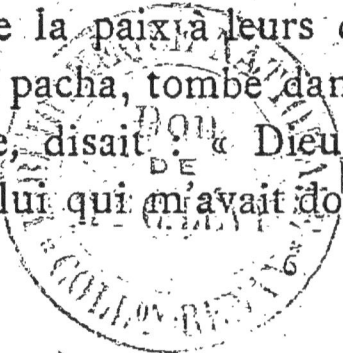

tout ce que je possédais ; il avait le droit de me le reprendre. » Un fils nous racontait que son père, à son lit de mort, sentant sa fin prochaine, tint le Koran dans sa main, se couvrit la figure avec un feuillet, et expira ainsi avec dignité.

Le mahométisme a été bien abaissé au contact du brahmanisme, du bouddhisme et du paganisme ; et les superstitions locales se sont greffées sur cette plante exotique, mais le musulman n'oublie jamais que le monde lui a été promis en partage ; il se rappelle le passé glorieux de sa religion et n'écoute qu'avec mépris les raisons qu'on lui donne pour l'ébranler dans ses convictions, et les tentatives de conversion ne font que l'irriter.

Le jeune missionnaire chrétien, qui a été élevé dans un complaisant système de théologie, ne peut comprendre cela, mais il serait bon pour lui qu'il se hâtât de le comprendre.

La situation des païens non-aryens est différente et offre plus d'espoir : ils sont à peu près comme nos ancêtres au moment

où les premiers missionnaires chrétiens ve-
naient de Rome en Grande-Bretagne, du
temps du premier martyr, saint Alban. Ils
ont le sentiment de leur infériorité vis-à-vis
de leurs voisins, de leur ignorance, de leur
sauvagerie , de leur affranchissement de
toute caste et de toute religion écrite; ils
sont tout disposés à recevoir la civilisation
et la religion, et, pendant des siècles, ils ont
marché lentement et insensiblement vers
le mahométisme, le brahmanisme ou le
bouddhisme, suivant l'influence soit de
leur position géographique, soit des circonstances du moment. Leurs ancêtres,
par milliers, ont été ainsi absorbés pacifiquement; et parmi eux le missionnaire
chrétien peut encore faire des prosélytes;
le simple et sérieux évangéliste peut ac-
complir là sa tâche, en présentant à des
populations encore rudes et à demi-sauva-
ges le double bienfait de la civilisation et
du christianisme.

Nous oublions trop combien peu ce
grand peuple de l'Inde a été favorisé : la
révélation n'a pas pénétré jusqu'à lui; il a

dû, sans aucun secours, concevoir ses no-
tions sur le juste et l'injuste, résoudre le
problème d'une vie future et d'un jugement dernier. Dieu qui, à diverses époques
et de diverses façons, parla aux autres
membres des familles aryenne et sémitique,
ne se manifesta jamais aux Hindous : ils
restèrent en dehors de la grande renais-
sance spirituelle du siècle d'Auguste. Aucun message ne leur vint et ils furent encore laissés à eux-mêmes pendant dix-huit
siècles.

C'est une erreur de supposer qu'une religion, que nous aimons à qualifier de
fausse, est nécessairement le produit de
l'imposture ou de l'enthousiasme. En
analysant avec soin l'origine de cette religion, on verra que d'autres causes l'ont fa-
vorisée, telles qu'une honnête hypothèse
propagée pour expliquer les grands phénomènes physiques dont le spectacle se
déroule sous nos yeux, les mystères de la
vie et de la mort qui frappent tout esprit
capable de penser, et enfin la notion et le
sentiment de Dieu ; une honnête hypothèse

comme celle-ci fortifie les liens relâchés des
devoirs moraux, en leur donnant une sanction superstitieuse, et donne satisfaction
aux désirs ardents du cœur humain et à
ses besoins de respect et d'adoration.

Nous devons au christianisme notre civilisation ; grâce à son secours, nous sommes sortis de l'état de barbarie. A travers
l'obscurité du moyen-âge, nous nous tour-
nons avec respect vers Rome et Jérusalem.
Mais les peuples de l'Inde ont leur propre civilisation, leur propre tradition et
leur propre littérature ; ils répéteront toujours la même question : « Pourquoi ne
nous a-t-on pas appris toutes ces choses
depuis trente générations ? Si elles sont
maintenant une vérité d'une application
universelle, comme les saisons et les signes
célestes, comme la vie et la mort, pourquoi
tant de millions d'êtres ont-ils vécu et sont-
ils morts sans aucune chance d'être sau-
vés ? » On se sent élevé, quand on voit combien l'esprit de l'homme est naturellement
religieux ; toutes les inscriptions anciennes
dans tous les pays attribuent à la faveur

des dieux les succès des hommes : toutes les religions primitives firent appel aux meilleurs sentiments de la nature humaine et tirèrent leur force essentielle des éléments de bonté qui s'y trouvaient. On peut apercevoir la trace des pas de Dieu lui-même dans ces antiques superstitions. Aucune nation ne chercha Dieu plus sérieusement et ne s'en approcha plus près que les Aryens. La pauvre intelligence humaine, réduite à elle-même, sentait son impuissance, et chercha son Créateur en tâtonnant avec peine et dévouement, avec constance et humilité, avec un profond sentiment de sa faiblesse. Autant que les documents nous permettent d'en juger, les Aryens méritaient plus que les Juifs de recevoir les oracles de Dieu. Une religion ancienne et compliquée, comme le brahmanisme, est un amas de conceptions humaines, d'aspirations humaines, de sagesse et de folie humaine. Si on l'examine attentivement, on y découvre un double aspect, matériel et spirituel, subjectif et objectif, pur et impur : elle est à la fois vaguement panthéiste

et sévèrement monothéiste ; d'un polythéisme grossier et d'un froid athéisme.
Ceux qui enseignent cette religion ne rou-
gissent pas de leur ancien culte ; ils en sont
fiers. Elle satisfait à leurs besoins, et ils ne
cherchent pas à lui amener des disciples.
Ils diraient volontiers aux missionnaires
chrétiens : « Allez vers les cannibales,
vers les sauvages qui vivent dans les grot-
tes, ou qui se nourrissent de viande crue,
vers les hommes qui n'ont ni temples, ni
prêtres, ni littérature, ni rituel, ni tradi-
tions : tous sont à vous, et nous sommes
satisfaits ; laissez-nous en possession de
notre religion et de notre civilisation ancienne ; si vous avez de longues listes de
martyrs et de saints, nous en avons également ; si vous avez des rituels, nous en
avons de même, et d'une date à côté de
laquelle vos plus anciens semblent être
d'hier. » De fait, aucun temple, de
quelque célébrité, n'a été abandonné ; et
des sommes considérables sont dépensées
à réparer les anciens édifices et à en construire de nouveaux.

Que le christianisme, sous une de ses formes actuelles, ou sous une nouvelle forme, puisse un jour triompher, nous n'en doutons pas; il a pour lui le bon sens, la sagesse universelle, la pureté de la morale et les aspirations élevées; c'est, en réalité, le plus haut développement qu'ait encore atteint la sagesse humaine, mais il est encore encombré des débris du moyen-âge, et, pour que la croyance à la grande histoire antique puisse être acceptée, il faut faire un nouvel appel à la Croix et au Sépulcre, il faut se reporter aux éternelles vérités de la Bible et ne pas s'en tenir aux institutions périssables d'églises rivales. Nous attendons des résultats étonnants de l'éducation, de l'imprimerie et des nouveaux moyens de locomotion. Jusqu'ici, ni le brahmanisme, ni le bouddhisme, ni le mahométisme, ni les cultes non-aryens n'avaient eu à lutter contre l'éclat éblouissant d'une religion dominante, hostile et critique. Dans cette lutte pour l'existence, il n'y a qu'une seule issue possible. Le brahmoïsme n'est qu'un avant-coureur,

un tourbillon de la poussière qui annonce
la tempête. Considérons les conséquences
pour l'intelligence humaine de l'enlève-
ment du voile qui cachait les livres sacrés
de l'Inde, de la Perse et de l'Egypte. Jusqu'à ce jour, les saints écrits des Juifs
avaient eu le monopole de l'antiquité ;
mais nous avons maintenant des traces in-
contestables des premiers bégaiements de
la race humaine, et nous nous sentons
au milieu d'un air plus pur que celui
qu'on respirait au temps des théocraties.
Nous regardons avec pitié celui qui, ayant
lu les auteurs classiques de la Grèce et de
Rome, n'a pas senti que l'humanité avait
fait de grands progrès dans la voie de la morale, que Platon et Cicéron, Juvénal et Sé-
nèque nous avaient laissé une œuvre digne
de respect, avant le christianisme ou en dehors de lui ; mais maintenant nous avons
vu parvenir jusqu'à nous tout le flot des
connaissances brahmaniques, bouddhiques, zoroastriennes, babyloniennes, tal-
mudiques et mahométanes.

La traduction de la Bible a amené la

Réforme, nous devons attendre maintenant que l'on ait étudié les anciens documents de chaque religion ; on devra
considérer dans les recherches l'âge, le développement, les dogmes de chaque religion ; on posera la grande question : —
Comment ces religions aident-elles l'homme
à vivre et à mourir ? Nous approchons
chaque jour de plus en plus d'une statis-
tique exacte de la population et des religions du monde, et cette amère pensée
nous oppresse. Est-il possible que le Père
céleste de toute l'espèce humaine, qui sait
le nombre des cheveux de ses créatures,
ait condamné tant d'innombrables millions
d'êtres humains à une irrémissible perdi-
tion ; est-il possible que non-seulement la
seule foi, qui puisse donner le salut, n'ait
jamais été révélée à des contrées immenses,
mais encore qu'elle ait pu être abandonnée
dans des régions considérables après y avoir
été connue et pratiquée ?

Le temps est passé où les peuples de l'Inde,
ou de toute autre partie non chrétienne
de l'Asie, pouvaient être peints sous des

couleurs repoussantes. Quiconque a passé
un quart de siècle en relation intime avec
eux sait qu'ils ne sont ni meilleurs ni pires
que les populations chrétiennes orientales
et semi-orientales; on y rencontre parmi
les communautés des villages, et dans la
même proportion qu'ailleurs, les rudes
vertus domestiques, la simplicité patriar-
cale, la pureté de la morale et le respect
pour la loi et la vérité. Dans aucune partie
du monde, les grandes villes ne donnent
une idée exacte de la nation : si les basses
classes n'ont encore pu atteindre à un
degré modéré de civilisation ou de moralité, nous ne pouvons guère nous en
prendre à elles.

Quel sera donc l'avenir des églises chrétiennes de l'Inde ? Qu'elles adhèrent à tous
les programmes minutieux et stricts des
églises occidentales, quiconque a étudié le
développement du christianisme en Europe
ne peut l'espérer, et c'est là surtout pourquoi les églises indigènes et européennes
devraient être séparées. Les sociétés de
missionnaires chrétiens reconnaissent que

le christianisme oriental manifeste déjà le
désir d'avoir une église spéciale, qui soit
moins rigide que le christianisme d'Occident, et qui puisse mieux s'adapter aux
habitudes orientales. Un ancien vice-roi de
l'Inde exprimait, en 1877, l'opinion que le
peuple de l'Inde réaliserait quelque nouveau développement de la religion chrétienne. Puisse la question d'église gouver-
nementale être seule soulevée ! Ces nouveaux chrétiens posséderont la Bible dans
chacun de leurs dialectes, chose inconnue
à leurs ancêtres, et il est possible qu'ils
puissent en extraire des vérités nouvelles,
et qu'ils refondent l'or pur dont elle est
composée. Nous pouvons nous attendre à
de nouveaux développements, dans lesquels entreront des croyances divines propres à l'Inde païenne, et non plus empruntés aux superstitions romaines ou teutoni-
ques. On semble appréhender ce danger ;
mais, si les nouveaux chrétiens taillent leurs
croyances dans la Bible, s'ils emploient
les mêmes matériaux pour leur édifice
nouveau, pourquoi éprouver des craintes,

quant au creuset dans lequel les éléments
anciens seront combinés ? Si le christianisme est le but, et non pas tel ou tel
système d'église, il est bien que les matériaux employés soient indigènes, et non
étrangers, s'il doit en résulter plus de
sûreté pour l'attachement du peuple; car
le présent ne leur parvient pas comme à
nous accompagné des premiers germes de
la civilisation et de la littérature. D'ailleurs la diversité qui existe parmi nous
chrétiens même, engendrerait encore des
diversités bien plus grandes parmi les
églises indigènes. Déjà nous avons une
vingtaine de formes différentes du christianisme dans l'Inde, la plupart hostiles
entre elles; quelques-unes même réunis-
sent le mahométisme et le brahmanisme
sur la base commune de l'unité de Dieu.

Nous avons essayé de traiter ce grand
sujet historiquement et avec impartialité;
et nous voudrions y appeler l'attention des
savants et des penseurs. Nous pouvons
difficilement nous représenter l'existence
d'une vie nationale dans quelque croyance,

sans que la loi n'ait quelque sanction religieuse ! Et pourtant dans quel état se trouve
le sectateur de la religion brahmanique ? Il
a dépassé toutes les connaissances de ses
ancêtres en géographie, en histoire, en
science physique et en religion. L'éducation ne peut coexister avec l'observance
du rituel de la religion dans l'état de dégradation auquel elle est arrivée. Toute
religion suppose l'idée de rapports avec
Dieu, face à face, la conscience de la
faiblesse et du péché, et la nécessité d'un
roc plus élevé auquel le suppliant puisse
s'accrocher. Aucun animal n'est jamais
arrivé si loin ; tandis que, même chez les
types les plus dégradés de la race humaine, on trouve quelque perception
d'une telle nécessité. Mais l'homme civilisé, l'homme instruit, doit sentir la nécessité d'un modèle de vertu, vers lequel il
puisse se tourner durant sa vie, d'un
soutien qui puisse l'aider à l'heure fatale du
départ, d'une espérance pour la vie future,
à l'existence de laquelle il ne peut refuser
de croire. Il doit donc faire son choix.

Dans l'Inde anglaise, les missionnaires de toutes sectes ont une liberté d'action et une sécurité, telles qu'ils n'en trouvent dans aucune autre partie du monde. Jamais la populace ne les moleste ; leurs conversions ne sont gênées par aucune pénalité ; le plus grand obstacle à l'acceptation du christianisme vient du spectacle de la vie des Européens chrétiens, si contraire à la vie nouvelle, qu'on sollicite le néophyte d'embrasser. Le missionnaire chrétien doit avoir une connaissance actuelle de sa propre religion ; non-seulement il doit connaître les dogmes de sa secte, mais il doit savoir comment le judaïsme est né du sémitisme, comment le christianisme en est sorti ; comment celui-ci s'est assimilé les éléments aryens et non-aryens ; comment il a rejeté sa forme sémitique, pour devenir une grande religion aryenne, basée sur le monothéisme, sur la rédemption par un médiateur, et sur la monogamie. Il devrait aussi connaître à fond la citadelle qu'il veut attaquer, que ce soit le brahmanisme, le bouddhisme, le mahométisme

ou le paganisme ; enfin, par-dessus tout, il
devrait avoir constamment en vue la charité. Le prophète exalté qui dénonce la
cité perverse, qui dit à ses auditeurs que
leurs dieux sont des choses honteuses ; le
moraliste partial qui tonne contre l'immoralité de l'Inde, sans songer à celle de
l'Europe ; le bavard qui parle de chemins
de fer, de télégraphes, etc., celui-là ne
convertira pas les cœurs des hommes.
Certes, on peut admettre que, parmi ceux
qui pensent, tous croient à un état futur,
tous reconnaissent l'avantage abstrait de
la vertu, et tous cherchent le salut ; quant
à ceux qui ne pensent pas, ce n'est pas par
des arguments plus ou moins sérieux qu'on
peut les amener à la réflexion ; ce n'est pas
non plus en vantant la civilisation ou la
puissance des Européens, car l'Evangile
était vrai, même quand tous les sages et
tous les puissants du jour étaient contre
lui ; c'est avec l'amour, la charité et la
loyauté que l'on doit montrer la voie nouvelle.

II

LES LANGUES
DES INDES ORIENTALES

———

Nous lisons dans le livre d'Esther comment, au cinquième siècle avant l'ère chrétienne, avant qu'Asoka eut fait graver ses inscriptions sur les piliers d'Allahabad

Trump. — Pushtu grammar.
Beames. — Comparative grammar of modern Aryan languages of India.
Caldwell. — Comparative grammar of Dravidian languages of India.
Skrefsrud. — Grammar of Santhál.
Brian Hodgson. — Essays on the Tibeto-Burman languages of the Himaláya.

et de Delhi, et sur les rochers de Girnar, de Dhaulé et de Kapour di Giri, le grand roi Xerxès (fils de ce Darius qui a laissé sur les rochers de Behistun ses impérissables inscriptions écrites dans les langues de trois familles différentes bien distinctes) donnait ses ordres aux gouverneurs des provinces (de l'Ethiopie à l'Inde on comptait cent vingt-sept provinces), à chaque province dans son écriture, à chaque peuple dans sa langue, et aux Juifs dans leur écriture et dans leur langue. Ce dernier idiome s'est conservé jusqu'à nos jours; mais on ne trouve les caractères alors en

Mc-Culloch. — Languages of Manipúr frontier.

Lewin. — Languages of Chittagong frontier.

Max-Muller. — Letter to Bunsen on Turanian languages.

Crawfurd. — Dictionary of Indian Islands and adjacent countries.

Journals of the Royal Asiatic Societies and the Indian Archipelago.

Geographical Magazine 1878. — January and February. — Language Map of British and Further India.

Cust. — Modern Languages of the East-Indies.

usage que dans les manuscrits des Samaritains. Dans les caractères écrits et les langues de l'Egypte, de la Mésopotamie, de la Phénicie et de l'Asie Mineure, tels que la science nous les a révélés, nous pouvons trouver quelques vestiges des formes du langage et de l'écriture dont se servaient les scribes de Shushan pour transmettre les édits impériaux jusqu'au Nil et à l'Indus, jusqu'à l'Araxe et au Cydnus, sur des bandes d'écorce, du papyrus, des tablettes de métal ou d'argile cuite.

Si ce document, qui fut transmis à l'Inde, s'était conservé jusqu'à nous, il aurait une bien plus grande valeur que le livre d'Esther, ou un papyrus égyptien du même temps, ou une inscription lapidaire grecque ; car il déciderait du langage que l'on parlait, ou du moins que l'on comprenait, dans l'Afghanistan et le Panjáb, et résoudrait maints problèmes dont on désespère aujourd'hui. Le document écrit le plus ancien que l'on connaisse dans l'Inde, est l'inscription d'Asoka, qui est postérieure à l'invasion d'Alexandre le

Grand dans cette contrée, et la langue, dans laquelle les inscriptions sont écrites, est un des idiomes pracrits qui sont évidemment d'origine aryenne. Les langues pracrites elles-mêmes sont mortes depuis longtemps et ont fait place à une nouvelle génération de langues indigènes ; mais la découverte de ces inscriptions aryennes sur la côte occidentale à Gujerat, sur la côte orientale à Cuttack, et sur les bords du Gange à Allahabad, établit d'une façon indiscutable que la distribution ethnique actuelle des Aryens, des Dravidiens, des Kolariens et des Tibéto-Birmans, a dû être fixée avant l'époque d'Alexandre. Plus de deux mille ans se sont écoulés depuis lors et nous nous proposons de passer en revue les langues parlées actuellement par les peuples de l'Inde Cisgangétique et Trans-gangétique et de l'archipel Indien, langues qui sont la descendance en ligne directe, en succession non interrompue, de celles que l'on parlait à cette lointaine époque.

Dans aucun livre nous ne trouverons une semblable revue des langues des

Indes Orientales. C'est à dessein que nous employons l'expression Indes Orientales ; nous comprenons dans ce terme général l'ensemble des deux grandes péninsules de l'Inde Cisgangétique et de l'Inde Transgangétique et les îles de l'archipel Indien, sur lesquelles, depuis le temps des Grecs et des Romains, rayonne une auréole de mystère et de magnificence, contrées qui, depuis les trois derniers siècles, ont été le rêve de toutes les nations de l'Europe et qui maintenant sont partagées inégalement entre les Anglais, les Français, les Hollandais, les Espagnols et les Portugais ; car chaque fragment de ce vaste champ est en la possession, ou soumis à la protection et à l'influence politique de quelqu'une de ces puissances européennes. Différents voyageurs ont décrit des parties de cette grande contrée, à différentes époques et à différents points de vue. Les matériaux ne manquent pas, mais ils sont éparpillés dans les recueils périodiques et dans des livres difficiles à se procurer. Bien plus, ce n'est que depuis ces dix

dernières années que, même pour ce qui
concerne l'Inde anglaise, il a été possible
de dresser une carte linguistique et de se
dire avec quelque certitude qu'aucune race
et aucune langue n'a été oubliée. Les livres
indiqués en tête de ces pages ne sont simplement que des exemples choisis pour es-
quisser le plan général et mettre sur la voie
de ceux qui sont nécessaires pour complé-
ter notre étude. Buchanan, Leyden et Colebrooke sont allés jusqu'aux extrêmes limites de la science à leur époque. Marsden
et Crawfurd ont beaucoup ajouté à l'œuvre générale par leurs recherches locales
et personnelles. Max Müller et Latham,
qui n'ont jamais vu l'Inde, ont mis en ordre et popularisé la science des autres. Sur
ce champ, de toutes parts de nouveaux ou-
vriers semblaient surgir, doués d'un don
divin, et consacraient des années à des in-
vestigations fastidieuses et souvent sans récompense. Logan, dans l'archipel Indien ;
Hodgson, dans les montagnes du Nepál ;
Dalton, dans les provinces centrales et à
Assam; John Wilson et Stephenson, dans

l'ouest de l'Inde, ne sont que des types de toute une génération. Après tous ces maîtres, les missionnaires chrétiens ont fait d'excellente besogne, depuis Carey et Marshman de Sérampore (qui avaient plus de zèle que de circonspection quand ils écrivaient des grammaires et traduisaient la Bible, dans les langues de pays qu'ils n'avaient jamais visités et sur les habitants desquels ils ne savaient absolument rien) jusqu'à Gundert, Pryse Trump et Skrefsrud. Une bonne grammaire, un bon dictionnaire, comme ceux qu'ont laissés ces quatre derniers, est un progrès durable, une brique solide ajoutée au monument de la science. Sur les pas de l'armée des linguistes éclaireurs qui ne s'occupent que d'une seule langue, arrivent les grands grammairiens qui traitent d'une classe ou d'une famille de langues ; ils sont représentés par Beames et Caldwell, et en réalité aussi par Trump et Gundert qui ont composé leurs ouvrages sur une seule langue, de façon à leur donner la valeur de la méthode comparative. Et pour-

tant, après tout ce qui a été fait et tout ce
qui se fait, nous comprenons que, maintenant encore, nous ne sommes qu'au
seuil de la science, et un des motifs les
plus importants qui nous ont poussé à recueillir les faits contenus dans ces pages,
c'est le désir de montrer aux linguistes
néophytes, qui se présentent actuellement
sur ce terrain, combien il reste encore à
faire!

Le champ des Indes Orientales est par-
ticulièrement intéressant pour le linguiste
et contient des spécimens de tous les
strata morphologiques des langages, les uns
dans un état de civilisation élevée, les autres, bien que proches parents, restant encore dans leur simplicité naturelle. L'action de la langue des vaincus non-aryens sur
les conquérants aryens et d'un langage à
inflexion, instrument de la religion, sur les
idiomes agglutinatifs et monosyllabiques,
est des plus prononcée. On n'a pas encore
déterminé complètement jusqu'à quel point
les variations de dialectes s'étendent sur
les limites de deux zones linguistiques;

dans certains cas, les dialectes frontières
peuvent être bi-lingues et, dans d'autres,
un amalgame grossier de deux idiomes absolument antipathiques a donné pour résultat un patois mélangé, ou *jargon*, analogue
au Pidgeon-English de la Chine. Quelques idiomes, tels que l'hindoustani, le
tamoul et le malais, se sont élevés au
rang de *lingua franca* et leur usage s'é-
tend bien au delà de leurs limites territo-
riales naturelles ; d'autres sont dans l'état
d'être étouffés, ou écrasés, ou franchement
bannis de leurs propres domaines.

Etant donné le peu d'espace qui nous
est accordé, nous ne pouvons que parcou-
rir rapidement notre sujet tout entier,
sans essayer de déterminer les limites ou
les populations des aires linguistiques.
Nous ne nous attarderons pas non plus à
signaler les grammaires et les dictionnaires de chaque langue et à discourir sur
leurs particularités linguistiques, ni à décrire leur littérature, car chacun de ces deux
sujets fournirait matière à un volume intéressant ; le premier qui décrirait les ma-

tériaux qui composent la langue, qu'elle soit littéraire ou non, et le second, lorsque la langue est littéraire, développerait la nature et l'importance de cette littérature. Notre but est de veiller à ce qu'aucune forme de langage n'échappe à notre étude, de distinguer les dialectes des langues et de rapprocher ces dernières de ceux des premiers qui leur appartiennent; de grouper les langues en classes et en familles, et de traiter notre sujet dans un sens général, historique et géographique, plutôt que d'après une méthode scientifique.

Qu'est-ce qu'un dialecte et qu'est-ce qu'une langue? Ici toutes les divergences d'opinion peuvent trouver place; mais, du moment qu'un principe intelligible est posé et accepté, il ne peut plus y avoir grande confusion. L'italien et l'espagnol sont deux langues distinctes; le vénitien et le toscan sont deux dialectes différents de l'italien; le dernier est l'*étalon* ou type dominant de la langue. Un dialecte diffère d'un autre dialecte de la même langue par la grammaire, le vocabulaire et les phoné-

tiques, par un seul, par deux ou par trois de
ces détails, et naturellement il est quelquefois difficile de décider si l'on a affaire à
deux langues sœurs, ainsi que nous avons
classé l'hindi et le panjábi, ou seulement
à un dialecte oriental ou occidental d'une
même grande langue, comme probablement ce sera le cas dans notre exemple.
Mais la question n'est pas aussi claire
quand il s'agit de langues, qui n'ont pas
de littérature, où évidemment il n'existe
aucun étalon de pureté, et où n'est pas
encore terminée la lutte pour l'existence ou
la suprématie de linguistique, qui a eu lieu
chez toutes les nations de l'Europe. Lorsque dans une langue il existe un nom spécial, tel que le tamoul, il est facile de le
prendre pour celui de la langue et de grouper tous les dialectes sous ce nom ; mais,
quand un groupe de langues est représenté par les noms généraux de familles,
dont on ne connaît guère que d'insigni-
fiants vocabulaires, et présentent entre
eux des divergences de dialecte, il est difficile de décider sous quel nom le groupe

doit être inscrit. Le groupe Naga, dans les collines de l'Assam, en est un exemple.

La famille sémitique n'est pas représentée dans les Indes Orientales. L'influence de l'arabe s'est fait sentir, par l'intermédiaire du persan, dans plusieurs des idiomes indigènes aryens et directement dans la famille malaise; l'hébreu et le syriaque sont usités comme langues religieuses, peut-être sous une forme altérée, par de petites colonies juives à Bombay, Calcutta et Cochin et par la petite église des Nestoriens syriens sur la côte occidentale. L'arabe est partout la langue religieuse des Mahométans. Il y a aussi des colonies considérables de résidents arabes, qui doivent être considérés comme étrangers.

La famille aryenne est largement représentée. Nous signalerons seulement l'anglais, le français et le portugais comme langues de colons établis pour longtemps ou à demeure. L'influence de la première n e s'est fait sentir que par l'emprunt d'un certain nombre de mots; mais le portugais a été jusqu'à donner naissance à un dialecte mixte, par sa combinaison avec les idiomes du pays. Le hollandais a presque disparu à Ceylan ; mais, dans l'archipel Indien, il constitue avec l'espagnol les langues des classes dirigeantes. L'italien et le latin se sont introduits avec le clergé catholique romain ; le danois, et l'allemand avec les missionnaires protestants. Le persan est la langue des cours et de la société dans toute l'Inde anglaise ; le pehlvi est la langue sacrée des Parsis adorateurs du feu. L'arménien est le langage d'une riche et industrieuse colonie de la plus haute honorabilité. Le chinois est parlé par les immigrants de cette nation à Calcutta , dans les ports de la péninsule indo-chinoise et dans les îles. Un seul idiome turki, le khajuna , végète parmi les tribus des Dards, car ni les Turcs, ni les Mogols n'ont jamais été capables de coloniser l'Inde, quand bien même ils ont pu asservir la population et laisser leur empreinte dans le nom de la grande *lingua franca*, l'Urdu. Quant à la grande famille slave, jusqu'à présent du moins, aucun naturel de l'Inde n'en a prononcé un seul mot.

Nous allons maintenant procéder à la classification de la population établie et indigène. Il existe sept familles :

1. — La famille aryenne.
2. — La famille dravidienne.
3. — La famille kolarienne.
4. — La famille tibéto-birmane.
5. — La famille khasi.
6. — La famille taï.
7. — La famille mon-anam.
8. — La famille malaise.

La première appartient à cette classe morphologique que l'on appelle inflexive (ou à inflexions) ; les trois suivantes appartiennent à la classe agglutinative ; les trois suivantes à la classe monosyllabique, et la dernière au type polynésien.

Nous devons nous attacher principalement aux langues vivantes et qui se parlent actuellement ; mais il y a telles langues mortes qui ont exercé une si grande influence sur certains membres de quelques familles, qu'elles méritent d'être signalées.

La première de ces langues mortes est le sanscrit, dont l'influence se fait sentir dans toutes les branches indiennes de la première famille, à l'exception des deux premières, qui doivent être considérées comme pré-sanscrites. Les quatre premières langues de la famille dravidienne sont aussi profondément modifiées par l'influence sanscrite. Cette influence du sanscrit se fait également sentir dans le groupe javayen de la famille malaise ; elle a pénétré dans l'île de Java avec la religion hindoue, venue de l'Inde à une époque que l'on ne peut préciser.

L'influence des idiomes pracrits est encore plus grande dans quelques cas particuliers. Le magadhi, mieux connu sous le nom de pâli, devint l'instrument de l'enseignement bouddhique et modifia profondément le singalais, qui provient lui-même d'un autre idiome pracrit, le birman, le mon, le cambodgien et le siamois. Quelques idiomes indigènes des Aryens descendent en ligne directe des autres idiomes pracrits, et un autre encore

est devenu la langue religieuse des Jaïns.
Une autre langue morte très importante,
qui a laissé une littérature abondante, est
la kawi, ou javanais archaïque.

Deux branches de la famille aryenne
sont représentées dans une même contrée :
1° la branche iranique; 2° l'indienne.

L'iranique n'est représentée en partie que
par deux langues. L'indienne est représentée dans son intégrité par quatorze idiomes. Nous allons les étudier individuelle-
ment, mais rapidement.

Les deux langues de la famille iranique
sont le pushtu et le balúchi, parlés tous
deux par les tribus frontières si gênantes,
établies au-delà de l'Indus, dans la zone
dite neutre qui sépare l'Inde anglaise de
la Perse et de la Russie. Le pushtu est le
langage des Afghans, peuples mahométans, sujets de Kaboul, soit effectifs, soit
de nom seulement, ou totalement indépendants. C'est une des langues que les
fonctionnaires de l'Etat sont tenus de
savoir, et il en existe plusieurs grammaires
et dictionnaires. Comme on pouvait s'y

attendre pour une langue qui occupe une position intermédiaire entre l'Inde, la Perse et le Turkestan, il existe plusieurs dialectes ; mais on ne les connaît pas assez pour en analyser les différences. Ils ont une certaine littérature en caractère arabe.

Le balúchi est la langue de la race qui occupe l'étendue de terrain qui sépare l'Afghanistan de la mer. Les Balúchis sont mahométans ; l'idiome sindhi paraît empiéter sur leur terrain à l'est, le persan à l'ouest et le pushtu au nord. De plus, mélangée avec eux dans leurs villages, sur une partie de leur territoire, il est une race totalement différente, parlant une langue entièrement différente, le brahúi. Les Balúchis sont absolument illettrés ; s'ils emploient un caractère d'écriture, c'est l'arabe. Leur langue est devenue depuis peu une des langues que les fonctionnaires de l'Etat sont tenus de savoir. Il existe plusieurs dialectes : le mukráni, ou dialecte occidental, se fond graduellement dans le persan ; celui du centre est le type actuel ; enfin il y a un dialecte fortement caracté-

risé qu'emploient les tribus à moitié indépendantes qui bordent les frontières des
districts du Panjáb.

Passons à la branche indienne de la famille aryenne. Elle occupe une surface
linguistique plus étendue, avec une population plus considérable que n'importe
quel autre groupe, à l'exception du chinois ; nous n'avons que des renseignements insuffisants sur les divisions inté-
rieures de cette dernière population. Deux
de ces langues représentent le type aryen
avant sa floraison sur la terre indienne ; ce
sont les idiomes des Siah-posh Kafirs et des
Dards. Dans les majestueuses gorges de
montagnes, et les hautes vallées situées
dans l'angle formé par la jonction de la
chaîne de l'Himalaya et de l'Hindu-Koush,
habitent des idolâtres intrépides, qui, pendant des siècles, ont défié Hindous et Mahométans et ont gardé dans un asile sûr,
qu'aucun Européen n'a encore visité, leur
religion, leur langue et leur liberté. Ce
sont les Kafirs. Le Dr Trump a minu-
tieusement analysé leur langue et affirme

qu'elle est aryenne. Entre eux et l'Indus dans le Yaghestan, et de l'autre côté de l'Indus sur le territoire du Maharajah de Kashmir, vivent les Dards, mahométans pour la plupart, avec seulement quelques Bouddhistes. Nous connaissons mieux leur idiome, qui a plusieurs dialectes, et que le Dr Trump prétend aryen. Ces deux langues sont barbares et ne possèdent pas de littérature.

Celle qui suit sur notre liste est le kashmiri, idiome des habitants de la « Vallée heureuse », presque tous mahométans, avec une poignée de Brahmes hindous, qui se distinguent par leur aspect et leur talent. Indubitablement cet idiome est aryen, mais nous le connaissons beaucoup moins que nous ne le devrions. Nous ne possédons que des vocabulaires et des études grammaticales insignifiantes. Il y a lieu de croire que la vallée a été peuplée par un reflux du flot aryen sur la chaîne extérieure de l'Himalaya, car on trouve dans le langage et les coutumes de ce peuple des traces évidentes d'une civilisation bien supérieure à celle de leurs voisins de l'autre coté des montagnes, les Dards. Il existe une forme de caractère indien spéciale aux Kashmíriens, mais elle est peu usitée. La langue persane et les caractères arabes sont employés pour les affaires de l'Etat et la correspondance privée. Le puhári et le kishtwári, parlés par les montagnards de la chaîne moyenne de l'Himalaya, sont provisoirement classés comme dialectes du kashmíri.

Le panjábi occupe un champ linguistique beaucoup plus étendu, mais il a des droits moins indiscutables à être rangé parmi les langues indépendantes. Il est entouré à l'ouest par le pushtu et le balúchi, à l'est par l'hindi, dans le voisinage de Sirhind ; au nord, par le kashmíri et ses dialectes ; au sud, il arrive par transition douce au sindhi. Il comprend, par conséquent, toute la contrée des cinq rivières, coteaux et plaines, et se parle par une population en partie hindoue, en partie musulmane. Cette langue se distingue de sa sœur l'hindi par ses phonétiques, par une grande partie de son vocabulaire et par quelques-unes de ses inflexions grammaticales, et cependant aucune personne sachant l'hindi, à moins que ce ne soit un pédant, n'aurait la prétention de s'arroger, en apprenant le panjábi, la science d'une seconde langue, comme elle aurait certainement le droit de le faire en acquérant la connaissance du bengáli ou du sindhi. Cette langue ne comporte point d'examens additionnels pour les fonctionnaires publics ; elle n'a pas de littérature publique ou privée, distincte de l'hindi. Les affaires publiques se traitent en hindoustáni, et la correspondance particulière se fait dans cette langue ou en persan. Les Granths ou livres sacrés même, étudiés au point de vue critique par le Dr Trump, ont révélé ce fait singulier que le dernier Granth de Govind Sing est en hindi, et que le premier Granth de Baba Nanuk regorge de citations d'hindi archaïque et n'est certainement pas composé dans le panjábi que nous connaissons. L'écriture, nommée gurmukhi, employée par les Sikhs, est évidemment une variante du caractère indien, de même aussi que le caractère commerçant du Bazar. Considéré comme langue, on peut dire que le panjábi a plusieurs dialectes ; les plus tranchés sont le dogri et le chibháli de la chaîne extérieure ou inférieure de l'Himalaya, et le multani de l'extrême sud, qui sert de transition avec le sindhi. Un patois informe qui varie de Doab à Doab, qui n'est réglé par aucun étalon de pureté ou aucune littérature, se parle parmi la classe agricole.

Le brahúi peut être traité en quelques lignes, car on n'en sait presque rien. Il est parlé par une race de Mahométans, que l'on confond quelquefois avec la population qui parle le balúchi du Belúchistan, et de laquelle elle diffère totalement comme langage et comme race. Son chef lui-même est un brahúi ; mais lui et ses nobles parlent les deux langues. Le docteur Caldwell, dans une revue de la grammaire insignifiante de Leech et de Bellew, a exprimé l'opinion que, par sa structure, cette langue est de la même souche que le sindhi, quoique avec de fortes affinités dravidiennes. La question en est là pour le moment ; mais comme maintenant les fonctionnaires de l'État passent un examen de cette langue, et qu'on a publié un livre dans cet idiome à l'imprimerie de Kurráchi, elle sera classée avec certitude avant qu'il soit longtemps.

La langue sindhi est parlée par une population mahométane dans le delta de l'Indus et quelque peu au delà du delta sur les deux rives ; car la population de Kach Gundava dans le Belúchistan et celle de la péninsule de Kacch dans la province de Bombay parlent des dialectes du sindhi bien définis. La grammaire de Trump nous a appris tout ce qu'on peut savoir sur cet idiome indubitablement pracri ; il ne possède pas de caractère d'écriture reconnu et établi. Trump a adopté un alphabet arabe modifié, contre lequel s'élèvent les Hindous qui parlent le sindhi et qui emploient une variété des mauvaises formes du caractère indien. La confusion a été augmentée par la tentative des officiers de l'instruction publique d'introduire une forme nouvelle et peu scientifique de l'écriture indienne, et celle de quelques missionnaires d'apporter le gurmúkki du Panjáb. En outre des deux dialectes que nous avons signalés précédemment, nous trouvons ceux des haut, moyen et bas Sindh, et deux autres, le jugdáli et le mendh, parlés à Mukran et sur la côte maritime du Belúchistan.

La grande langue hindi demanderait un volume pour elle seule. Nous écarterons-nous beaucoup de la vérité en nous risquant à affirmer qu'elle est parlée par quatre-vingts millions d'hommes, dans cinquante-huit dialectes ? Elle touche à toutes ses grandes sœurs le panjábi, le sindhi, le gujaráti, le maráthi, l'uriya et le bengáli. Elle s'étend du nord au sud depuis la chaîne moyenne de l'Himalaya jusqu'à la rivière de Nerbudda et bien au delà, à l'est et à l'ouest depuis les montagnes du Nepál jusqu'aux déserts du Sindh. Beaucoup de savants classeraient,

et non sans raison, le panjábi et le nepáli
comem dialectes de l'hindi : pour le moment ils sont mis à part. Son grand dialecte
métis, qui naquit à Dehli ddans l'Urdu, ou
Camp militaire des Mongols, dans la période
musulmane, est connu sous le nom d'hindoustáni ; il a presque atteint au rang d'une
langue distincte, avec son inépuisable vocabulaire arabe et persan, son aptitude à s'assi-
miler les nouveaux mots et les nouvelles
idées, ses consonnances harmonieuses et ses
idiomes élégants. Cette langue emploie deux
écritures distinctes, mais appropriées, le
nágari et l'arabe modifié ; il faut encore y
joindre un troisième rival, l'alphabet romain modifié. L'hindi possède toutes les
qualités qui font une puissante langue
indigène ; peut-être sera-t-il une des douze
langues qui, à un moment donné, se
partageront le monde. Il serait trop long
de décrire tous les dialectes de l'hindi.
Nous ne devons pas oublier que les Aryens
étaient des immigrants venant du nord-
ouest, et, à mesure qu'ils avançaient de
l'Himalaya vers le Vyndya, ils absorbaient

de nombreuses races non-aryennes qui avaient possédé le sol avant eux. Dans l'espace si étendu qu'occupent les races parlant l'hindi, nous remarquons des subdivisions bien visibles : 1° les chaînons extérieurs de l'Himalaya ; 2° le Doab supérieur ; 3° le Doab inférieur ; 4° le territoire qui s'étend à l'est du Gange ; 5° Buhar ; 6° Bundlecund et Bhagelcund ; 7° Marwar, Mewar et Malwan ; 8° la vallée de la rivière Nerbudda ; 9° le territoire au sud de la Nerbudda. Quelques uns des dialectes de l'Hindi servent de transition entre deux idiomes néoaryens; d'autres sont, pour ainsi dire, infectés par les vocabulaires kolarien et dravidien. Quelques uns sont purs de toute importation mahométane, d'autres en sont infectés sans remède possible; mais généralement ils conservent tous la solide charpente de la structure hindi.

Le Nepáli est classé comme langue, mais nous ne savons presque rien de ses traits linguistiques, et il est probable qu'il tombera au rang de simple dialecte de l'Hindi. On lui donne aussi le nom de khas ou de purbutya ; c'est la langue de la cour et de la tribu dominante des Gour-khas dans la vallée de Nepál. Comme nous le verrons plus loin, le langage de la grande masse des sujets du Maharája de Nepál, appartient à une famille entière-ment différente, et la majorité de ceux qui parlent cette langue aryenne, sont évidem-ment étrangers à la race aryenne, ou tout au moins appartiennent à une race mixte, bien qu'ils professent la religion hindoue sous une forme corrompue. Cette langue n'a absolument aucune littérature, et le peuple est barbare. On emploie pour écrire une forme du caractère indien. Cette langue possède des dialectes, mais leurs délimitations sont tout à fait incertaines.

Le bengáli est une langue que parlent trente-six millions d'hommes dans le delta du Gange ; ils sont à peu près également répartis en Mahométans et Hindous, et, si l'on connaissait la vérité, on reconnaî-trait probablement que la moitié de la po-pulation est étrangère à la race aryenne et, même encore maintenant, n'a qu'un vernis d'hindouisme sur ses superstitions et ses pratiques idolâtres. Arrêté au nord par l'Hindi, au sud par l'Océan, à l'ouest par l'Uriya, cet idiome a encore pourtant un vaste champ d'expansion parmi les races sauvages des hauteurs, qui parlent la langue de la famille tibéto-birmane, et les montagnards dravidiens et kolariens de l'ouest. Son écriture est une variante du caractère indien. Il est impossible qu'il n'y existe pas des variantes très distinctes de dialectes, vu les influences linguistiques qui le travaillent et la constante immigration d'étrangers sur ses deux flancs orientaux et occidentaux, mais il n'y a pas de noms bien connus à l'exception du dialecte mahométan, qui s'applique plutôt à des individus qu'à des régions, et le dialecte littéraire qui s'applique plutôt aux expressions écrites qu'aux mots parlés.

La langue d'Assam a été considérée par quelques auteurs comme un dialecte du bengáli, mais ses droits à l'indépendance comme langue ont été vigoureusement soutenus par ceux qui la connaissent le mieux. Elle est parente du bengáli, mais tout-à-fait distincte, et a maintenant son individualité malgré la domination des Shans, qui parlent un idiome de la famille thaï, malgré les innombrables races tibéto-birmanes qui entourent et souvent envahissent la vallée, malgré les envahisseurs mahométans. Elle n'a point de littérature, bien qu'elle possède une variante du caractère indien. Elle a emprunté des mots au sanscrit, mais en en modifiant le sens et la prononciation, et, comme la province d'Assam est maintenant tout-à-fait séparée du Bengale, elle gardera sans doute et étendra son indépendance.

Contiguë au bengáli se trouve la langue uriya, parlée par huit millions d'âmes dans les provinces du Bengale et de Madras et dans les provinces centrales. La population est principalement hindoue et emploie un caractère particulier, qui, bien que primitivement simple variante de l'écriture du nord de l'Inde, a subi la modification, qui caractérise les écritures de l'Inde méridionale et de l'Inde Transgangétique et qui provient de ce que l'usage de la feuille de palmier et du style de fer, a forcé l'écrivain à substituer le trait arrondi au trait droit. La langue uriya est enserrée par les langues dravidiennes et kolariennes; elle touche au telugu et au gond et entoure le khond qui appartient à la première famille, elle est aussi contiguë au Kole est au Juang de la seconde famille. La forme le mieux connue, le type de cette langue, est celle du littoral entre les montagnes et la mer; mais elle s'étend au loin dans l'intérieur, sur le territoire de chefs à demi-indépendants, établis loin de toute grande route, dans des localités très malsaines et par conséquent très mal connues.

En parlant du maráthi, nous devons soigneusement distinguer entre les limites de sa domination politique et celles de la population qui le parle. Pendant le soulèvement des peuples, qui suivit la décadence de l'empire mogol, les Marathes envahirent de vastes étendues de terrain occupées par des populations qui parlaient l'hindi et le gond. Gondwána, primitivement occupé par les Gonds, fut envahi par les immigrants du nord et par ce fait une enclave importante de l'Hindi, le dialecte chutisgarhi, sépare la patrie de l'Uriya de celle du Maráthi. Cette langue se parle dans le centre et le sud de la province de Bombay, dans une partie des possessions du Nizam et dans la partie orientale des provinces centrales. Elle est bornée à l'ouest par l'Océan, au nord elle touche au Gujaráti, à l'est et au sud au Télugu et au Malayálam de la famille dravidienne. Sa population est estimée à dix millions, Hindous et Maho- métans. On cite plusieurs dialectes bien déterminés ; le kandési, le daschini sur le plateau, le goadesi et le konkani sur le littoral entre les montagnes et la mer. Elle possède un excellent dictionnaire, mais n'a pas de grammaire suffisante. Elle emploie le caractère nágari.

La dernière des langues néo-aryennes de l'Inde septentrionale et complétant le cer- cle autour de l'Hindi comme centre, est le gujaráti, qui à l'ouest touche au sindhi, au sud et à l'est au marathi ; c'est la seule langue de la grande famille qui soit entièrement pure de tout contact avec les langues étrangères. Dans son propre champ linguistique, elle est parlée par six millions d'âmes; mais, comme langue commerciale, elle est couramment employée à Bombay, surtout par la population parsie qui a perdu l'usage de la langue indigène de ses ancêtres. Son écriture est une variante insaisissable du nágari; on supprime le trait supérieur. L'aire de cette langue est limitée et, bien qu'on signale des dialectes, il n'y en a point de bien tranchés. Vers le nord, le marwári, dialecte de l'hindi, sert, pour ainsi dire, de transition entre les deux langues sœurs. Il n'existe pas de bon dictionnaire, ni de bonne grammaire de cette langue. Elle s'étend dans la province de Bombay et sur le territoire de quelques chefs indépendants.

Reste une langue plus aryenne, et nous la trouvons là où nous pouvions le moins nous y attendre, dans le singalais, l'idiome indigène de la partie méridionale de l'île de Ceylan. Longtemps prise pour un idiome dravidien, cette langue a été analysée par des savants et reconnue aryenne. D'après l'histoire de Ceylan, ce fait n'est pas improbable. Il découle des anciennes légendes de l'île que Ceylan fut colonisée par un certain Vijaya, fils de Sinhala de Buhar, dans le sixième siècle avant l'ère chrétienne. Deux siècles plus tard, le bouddhisme y fut introduit par Ananda qui venait du même pays. La langue parlée par Vijaya et ses compagnons était une langue pracrite. Les envahisseurs absorbèrent les indigènes sauvages. On trouve des inscriptions en singalais qui datent d'au moins deux mille ans. Ce fait donne à cette langue une place beaucoup plus ancienne que toutes les autres langues aryennes de l'Inde septentrionale, dont aucune n'a une antiquité constatée de plus d'un millier d'années. La limite entre le Singalais et le Tamoul est une ligne tirée de Ghilaw sur la côte est à Balticaloe sur la côte ouest. Sa population est d'environ un million sept cent cinquante mille habitants, qui sont bouddhistes. Le dialecte de la haute poésie est l'Elu, forme archaïque de cette langue. Un autre dialecte est celui des Veddahs, aborigènes idolâtres ; un troisième dialecte est parlé par les habitants des îles Maldi- ves, qui sont mahométans.

Nous avons décrit maintenant les seize langues vivantes aryennes de l'Inde. La partie la plus considérable, et de beau- coup, de l'étendue et de la population de l'Inde est comprise dans cette catégorie. De plus, l'hindoustani, dialecte de l'hindi, possède une extension encore bien plus considérable que la *lingua franca* de l'Inde méridionale, et les langues mortes du sanscrit et du pali ont laissé une em- preinte indélébile sur les langues civilisées de toutes les autres familles, à l'exception des familles kolarienne et khasi. Nous passons maintenant dans de nouveaux mondes linguistiques, pleins de noms et de phénomènes nouveaux. Jusqu'à pré- sent nous avons eu à traiter des langues du type inflectif si connu, type dont les familles aryennes et sémitiques sont les exemples ordinaires. Mais au point de vue morphologique, les langues se divisent en trois types : 1° monosyllabique; 2° agglutinatif; 3° inflectif. En passant en revue les langues de l'Inde, nous aurons maintenant à étudier celles qui appartiennent aux deux types les plus anciens et les plus simples. Le chinois est le représentant bien connu du type monosyllabique, dans lequel chaque monosyllabe est une racine indépendante, inaltérable et incapable de se lier à aucune autre Dans un pareil système on obvie à la disette des vocables par l'usage des tonalités et la grammaire de la langue consiste seulement dans la syntaxe. Le type agglutinatif dont le turki est le grand représentant, se compose d'une racine inaltérable à laquelle sont attachés, par un procédé mécanique, des suffixes et des affixes. Dans le type inflectif l'union des racines avec les particules se produit par un procédé chimique; les tonalités ne sont plus nécessaires avec le pouvoir de construire des composés pour exprimer chaque idée nouvelle. Il faut ajouter à cette exposition rapide qu'aucune langue ne se rattache à son type sans quelque modification. Dans le chinois même, l'usage de certains mots vides de sens, qui n'ont aucune signification quand ils sont seuls, paraît être une sorte de transition au type agglutinatif; de même, dans les langues les plus développées du second type, on reconnaît un état de transition vers le type inflectif: dans les langues inflectives, on emploie constamment les méthodes monosyllabique et agglutinative.

Dans l'Inde, la seconde famille de langues est la famille dravidienne; elle appartient au type agglutinatif. Elle comprend quatorze idiomes vivants, dont quatre sont très savants. Les races dravidiennes pénétrèrent dans l'Inde du côté de l'ouest, probablement par la passe de Bolán, car elles ont laissé des traces de leurs langages dans le Brahúi, dont nous avons parlé tout à l'heure, et il existe des affinités entre cette famille et la forme de langage qui s'est conservée jusqu'à nos jours sur la seconde tablette, la Proto-

Médique du Béhistan. Encore maintenant cette famille s'étend du Gange à Rajmuhá, au centre de Ceylan. A un moment donné, elle a occupé un territoire bien plus étendu, car, pendant des siècles, les immigrants aryens ont envahi et occupé le patrimoine des Dravidiens septentrionaux ; tandis que, d'un autre côté, la civilisation et la religion des Aryens ont accru la force et la consistance des membres méridionaux et civilisés de cette famille. En premier ordre se présente le Tamoul, sur la côte est de la péninsule, au-dessous de Pulicat dans la province de Madras et dans la moitié septentrionale de l'île de Ceylan. Une population de quatorze millions et demi, hindoue pour la plus grande partie, parle cette langue, qui possède deux types bien tranchés, le type littéraire et le vulgaire, en plus des dialectes qui sont parlés par les montagnards sauvages. Le télugu est parlé par une population de quinze millions et demi, principalement hindoue, le long de la côte au-dessus de Pulicat dans la province de Madras, et dans l'intérieur, dans les possessions du Nizam, et, de l'autre côté du fleuve Godaveri, dans les provinces centrales. Les limites du territoire de cette langue sont mal déterminées du côté du Nizam. Elle s'étend sous une forme abâtardie parmi les farouches sauvages de Bustar, dans les provinces centrales, mais on ne cite aucun autre dialecte; bien que sur les côtes, où elle touche à l'uriya, au khond, et au marathi, il doit sans doute exister d'autres dialectes ayant un caractère de transition. Chacune de ces langues a son écriture particulière, variante arrondie de l'alphabet indien.

Il y a encore deux autres langues civilisées dans la famille dravidienne, le canarais et le malayálam.

La première se parle dans le centre de la péninsule, la seconde sur la côte occidentale. La première est employée par une population de trois millions et demi, hindoue pour la plus part, dans la province de Madras et sur le territoire du Raja, du Mysore; elle a une écriture spéciale qui

ressemble presque au telugu. On trouve
encore des dialectes archaïques chez les
montagnards sauvages.

La seconde est parlée par une population
de neuf millions et quart, principalement
hindoue, dans la province de Madras et
sur le territoire du Raja de Travancore et
de Cochin. Elle possède un dialecte remarquable, le mappila de Cannanore, qui
s'étend aussi aux îles Laquidives, ancien
patrimoine du chef de cette ville. Parmi
les tribus forestières, on trouve des dialectes encore plus primitifs.

La cinquième langue dravidienne est le
tulu sur la côte occidentale, contiguë au
malayálam, et trois idiomes parlés par de
petits clans de montagnards dans les montagnes de Nilgirie, sur lesquels on a écrit
plus que de raison eu égard à l'intérêt
qu'ils offrent ; ce sont les Coorg, les Toda
et les Kota. Les deux premières, tulu et
et coorg, sont hindoues, avec une certaine
dose de civilisation ; les deux dernières sont
des races farouches et sauvages. Toutes
quatre sont peu nombreuses. Si, par hasard,

elles avaient perdu leur langage et adopté
celui de leurs conquérants, on n'aurait
jamais parlé d'elles.

Dans l'Inde centrale, on parle quatre
langues plus dravidiennes : 1° le gond ;
2° le khond ; 3° l'oraon ; 4° le rajmuháli.
Les Gonds sont au nombre de plus d'un
million : ce sont les restes d'une population beaucoup plus considérable qui oc-
cupait la province de Gondwána, qui a
été envahie de tous les côtés par les immigrants, Hindis, Marathis, Uriyas et
Telugus. Ils sont maintenant divisés en
deux enclaves. Les Gonds septentrionaux sur le fleuve Nerbudda furent
autrefois les maîtres ; ils étaient indépendants et jouissaient d'une civilisation grossière ; mais ils n'avaient pas d'écriture.
Les Gonds méridionaux, qui descendent
jusqu'au fleuve Godaveri, sont des sauvages farouches et isolés, quelques-uns sont
hindouisés, la majorité est païenne, tous
habitent les provinces centrales.

Les Khonds habitent le plateau des collines basses où se rencontrent les provin-

ces de Madras et du Bengále ; la contrée
en litige est possédée par de petits chefs
uriyas, régnant sur des sujets idolâtres
qui, jusqu'à ces derniers temps, s'adon-
naient aux sacrifices humains et tuaient
les enfants du sexe féminin. Leur civilisation est très inférieure. Au nord de ces
peuples se trouvent les Oraons, ou les
Dangans, les journaliers du Bengále.
Ils habitent les districts du Chutia Nagpore et sont païens. Plus loin au nord,
dans les collines qui surplombent le
Gange, à Rajmahá, se trouvent les Raj-
mahális, ou Puháris, ou Malers, qui,
quoique apprivoisés un peu par les efforts
des Anglais, ont encore conservé leurs
mœurs sauvages et leur langage dravidien
primitif, bien qu'ils soient entamés par
les races aryennes et kolariennes plus
audacieuses et plus industrieuses.

Telles sont les douze variétés dravidiennes selon la description du docteur
Caldwell dont on accepte l'autorité sur ce
sujet, quoiqu'il existe encore des vocabulaires tels que ceux de Kaïkadi, de Yeru-

kála, qui n'ont pas encore été placés au rang qu'ils méritent. La population totale s'élève à quarante-six millions, chiffre qui passerait pour considérable, partout ailleurs que dans l'Inde. Ensuite vient la famille kolarienne qui réunit les vocabulaires du reste des sauvages tribus de l'Inde centrale, que les auteurs dravidiens ne pouvaient pas admettre dans leur famille, vu la grande différence du vocabulaire et de la structure du langage, bien qu'ils soient du type agglutinatif. Le gouverneur de Bengale a chargé le savant norwégien Skrefsrud de préparer une grammaire comparée de cette famille peu étendue dont la population totale ne dépasse pas deux millions, et dont quelques idiomes pourront à peine subsister plus longtemps. Nous avons provisoirement noté dix noms : 1° le sontal ; 2° le groupe du Mundári, ou Bhomij, ou Ho ou Lurka Kole, qui parlent une langue mutuellement intelligible ; 3° le khária ; 4° le juang ; 5° le korwa ; 6° le kur ; 7° le savara ; 8° le mehto ; 9° le gadaba ; 10° le mal-puhária.

Le sontál est une langue belle et bien développée, quoiqu'elle n'ait pas de littérature ni de caractère d'écriture ; elle est aussi régulière et aussi richement pourvue de mots de forme agglutinée que le turki. Elle est parlée par un peuple industrieux et prospère, s'adonnant à l'agriculture dans la province de Bengale. Ce peuple est païen et arriéré comme civilisation ; mais ni sa race, ni sa langue ne courent le risque de s'éteindre. Est doué d'une égale vitalité le langage des Mundári, qui sont des peuplades industrieuses et prospères du Chutia Nagpore, de la province de Bengále, et qui sont au nombre de huit à neuf cent mille individus. Nous avons des grammaires sontál et mundari satisfaisantes, dues à la plume de Skrefsrud et de Whitley ; toutes deux sont en caractères romains et chez les deux peuples des missions chrétiennes, énergiques et florissantes, sont établies.

La situation des quatre autres langues est bien différente. Les Kharia sont une petite tribu du district de Singhbhum dans la province de Bengal. Le général

Dalton donne leur vocabulaire dans son ethnologie, mais il n'indique pas le chiffre de la population. Les Juangs sont encore plus sauvages; ils habitent les forêts d'Orissa et n'ont d'autres vêtements que des feuilles d'arbres; on dit qu'ils sont environ trois mille. Les Korwahs se trouvent dans les forêts de Chútia Nagpore; leur nombre n'est pas connu, mais on a un vocabulaire de leur langue. Les Kur ou Kurker se rencontrent dans des enclaves isolées des provinces centrales; leur nombre n'est pas établi. Les Savaras habitent la province de Bengale; mais ils ont perdu leur ancien langage. Dans une partie reculée du Ganjam, district de la province de Madras, on en trouve qui parlent encore le langage qui leur est propre, et leur aire est indiquée dans la carte linguistique du recensement. On a mis en avant d'autres vocabulaires, mais on n'a pas déterminé la résidence de ceux qui les parlent. D'autres tribus, évidemment kolariennes de race, ont perdu leur langage primitif, ou n'en ont gardé que quelques mots greffés sur un dialecte d'une langue néo-aryenne; telles sont les Bhils et d'autres encore.

Nous pouvons quitter cette famille de langues avec la conviction que, dans la lutte pour la vie linguistique, ces fragments vénérables d'anciens langages pourront à peine survivre quelque temps sous la puissante lumière qui, maintenant, se répand sur eux. Mais leur existence a un intérêt capital en ce que, sans aucun doute, ils sont antérieurs à la fois aux familles aryennes et dravidiennes, et que les immigrants kolariens sont venus de l'est dans l'Inde Centrale par les passes de l'Himalaya, en descendant la vallée du fleuve Brahmaputra. Le courant des immigrants aryens a suivi le fleuve Gange et, absorbant beaucoup d'entre eux dans les basses castes de l'hindouisme, repoussa le reste dans les collines, où ils ont conservé une existence misérable jusqu'à l'heure actuelle.

Un champ plus vaste et plus important s'ouvre devant nous, celui de la famille tibéto-birmane. Là, nous avons quatre-vingt-sept langues différentes, que nous diviserons, pour la clarté de la description, en huit groupes géographiques, qui s'étendent le long de la frontière nord-est de l'Inde depuis les monts Pamir, derrière Kachmir, jusqu'aux confins de la Chine et de Siam. La grande majorité de ces langues sont barbares, mais pourtant leur existence ne peut être passée sous silence. Le botaniste étudie les fleurs sauvages, et leurs particularités sont plus précieuses pour la vraie science que les beautés régulières des spécimens cultivés ; il en est de même pour les langues. Parmi un grand nombre de langues, dont quelques-unes possèdent des dialectes nombreux, ou qui ne sont elles-mêmes qu'un type choisi d'un groupe de plusieurs idiomes de même famille, deux seulement méritent le rang de langues littéraires , le tibétain et le birman, et un petit nombre d'autres possèdent une écriture ; les autres sont simplement des instruments de communication orale entre des individus du plus bas degré de civilisation, agriculteurs et pasteurs, ou, en dehors de la frontière, dans un état de sauvagerie nomade. Nous les connaissons très peu encore. Presque tout ce que nous savons, nous le devons aux travaux d'un ou deux pionniers de la science, tels que Brian Hodgson et William Robinson, qui ont fait des recherches locales ; Dalton et Max Müller, qui ont arrangé et collationné les matériaux réunis.

Nous allons maintenant indiquer les groupes dans leur ordre régulier ;

1º Le groupe nepálais, comprenant treize langues : le sunwar, le gurung, le murmi, le magar, le kusunda, le chépang, le pahri, le newar, le bhramu, le kiranti, le vayu, le limbu et le thaksya.

Nous avons déjà dit que le langage de la cour et des tribus dominantes de Nepál appartient à la famille aryenne, mais dans les vallées et dans les chaînons moyens et supérieurs des Himaláyas, qui constituent le royaume de Nepál, habitent des tribus non-aryennes qui parlent ces diverses langues. Grâce à la séclusion rigoureuse que maintient le gouvernement Goorka, et à l'ignorance grossière du peuple, on n'a pu se faire aucune idée de la population, mais on connaît sa distribution locale. Le kiranti ne comprend pas moins de dix-sept dialectes. Où il n'y a ni littérature, ni type, chaque vallée prend un patois distinct. Ce peuple est bouddhiste et à demi hindouisé.

Le second groupe se compose d'une seule langue, le lepcha, qui se parle dans le royaume de Sikhim ; il a quelque avenir, car il possède une écriture, et des missionnaires tendent à développer sa littérature. En 1877, le colonel Mainwaing a publié une grammaire de cette langue, qu'on appelle le Rong. La population montagnarde bouddhiste est placée très bas sur l'échelle de la civilisation.

Le troisième groupe, celui d'Assam, est remarquable, peut-être le plus remarquable qui soit au monde ; il se compose de seize langues. La rivière de Brahmaputra coule dans toute la longueur de la vallée d'Assam. Au nord se trouve la chaîne principale de l'Himalaya, qui sépare la vallée du Tibet par une barrière infranchissable; au sud une chaîne de collines moins hautes la sépare du Kachár et de Sylhet. Ainsi que nous l'avons déjà dit, la vallée elle-même est occupée par des Aryens immigrés du Bengále, entremêlés avec les tribus non-aryennes, semi-hindouisées, qui sont descendues des collines et ont accepté la civilisation, mais autour de la vallée, à diverses hauteurs, habitent une quantité de tribus sauvages, qui ne montrent aucune velléité de se civiliser et de devenir de bons voisins.

En plus de la langue assamaise déjà décrite, il existe seize langues distinctes non-aryennes, parlées parfois dans l'amphithéâtre de collines qui entourent la vallée. Le dhima, le kachári, le deoria-chutia et le pani-koch sont parlés par des agriculteurs établis dans la vallée; mais les populations qui suivent tiennent aux liens de l'aire civilisée et reçoivent parfois des concessions du gouvernement anglais comme compensation du droit qu'ils possédaient, de lever le *black-mail* au moment des moissons. En partant des frontières du Lepcha, nous trouvons les Aka, les Dophla, les Miri, les Abor, les Mismi, ayant plusieurs dialectes : le Sing-pho, le Jili, le Naga, le Mikir et le Garo. La plupart sont païens et ceux qui sont en contact avec la population des Indes anglaises ne sont que des fractions d'une communauté plus considérable qui se trouve derrière eux. Nous possédons de pauvres vocabulaires et des notices grammaticales de presque tous ces langages et une grammaire du garo. Il faut remarquer que ce que l'on appelle le Nága est plutôt un nom de tribu qu'une appellation linguistique, et sous cette expression se trouvent trois langues et onze variantes de dialectes. Aucune des langues de ce groupe n'a de caractères d'écriture. Les travaux de Brian Hodgson et du général Dalton ont beaucoup fait, mais il reste à faire davantage encore. Le problème linguitisque présente un intérêt énorme; le problème ethnique en offre peut-

être un plus grand encore. Une grammaire
de chaque langue et une grammaire comparée du groupe total, tel est le but auquel il
faut viser. Tôt où tard se fera à travers le
pays Mishmi une route allant du Tibet en
Chine; une route sera ouverte au com-
merce pacifique à travers le Singpho ou
Kakhyen, traversant la chaîne du Patkoi
jusqu'aux sources du fleuve Irawaddy.
Les mêmes Kakhyens occupent les montagnes entre Bhamu et Momien en Chine.
Les Garos et les Mikir deviendront de pai-
sibles agriculteurs; les farouches Nagas
peuvent être soumis ou expulsés par une
double pression du côté d'Assam et de
Kachár.

Le quatrième groupe, celui de Manipúr-
Chittagong, comprend vingt-quatre langues et est dans le même état que le groupe
précédent. Il semble n'être qu'une liste
de noms durs à prononcer et ne comporte
aucune impression géographique. Ces
noms sont pourtant réels; presque inconnus
il y a vingt-cinq ans, vaguement compris
maintenant, ils paraîtront clairs sans doute

dans le dernier quart du siècle. Voici ces noms, à l'exclusion de tout dialecte : Manipúri, Lugang, Maring, Maram, Kapui, Tangkhul, Luhupa, Tipura, Kuki, Shendu, Banjógi, Sak, Kyan, etc. Le Manipúri et le Tipura représentent les langages de principautés bien connues, le Kuki a été mis en évidence par une expédition militaire de quelque importance dirigée, il y a peu d'années, contre les Lushái, fraction de cette grande communauté, qui a reçu de ses voisins le nom de Kuki qu'elle ne se donne pas elle-même. Deux fonctionnaires de l'État, deux seulement, prétendent connaître la langue manupúri qui possède une écriture de type indien et un dictionnaire ; mais pour les autres langues, nous ne possédons que des vocabulaires et une distribution géographique passablement exacte, grâce aux travaux du colonel Mc-Culloch, du lieutenant Stewart et du colonel Lewin. Ces tribus occupent les montagnes qui s'étendent de l'Assam à Chittagong, et forment en réalité la limite de l'Inde proprement dite, de l'hin-

douisme et de la race aryenne. Beaucoup
plus loin derrière, nous trouvons dans
l'Inde Transgangétique ou Indo-Chine, la
religion bouddhique, et une race non-
aryenne, qui forme à la fois les classes dirigeantes et les classes gouvernées. Ces
montagnes semblent avoir toujours été une
barrière infranchissable, et aucun Anglais
n'a peut-être jamais mis le pied sur la route
de Dacca à Rangoon. En quittant ces deux
groupes remarquables d'Assam et de Ma-
nipúr-Chittagong, nous pouvons répéter
sans hésitation que là s'exercera l'œuvre
des philologues pendant le dernier quart
de notre siècle.

Avec le cinquième groupe, celui de
Burma, nous nous trouvons hors de la
province de Bengale, et dans celle de la
Birmanie anglaise et de la Birmanie indépendante, peuplée par une nation fière,
belliqueuse et civilisée. Le birman est le
principal idiome de ce groupe qui renferme neuf langues, toutes très proches
parentes. Le birman est une langue très
savante; son écriture dérive du caractère

indien et sa littérature est complètement imprégnée du pali, la langue religieuse des bouddhistes, dont elle dérive en grande partie. Elle est connue également sous le nom de mugh ou rakheng, et possède comme dialectes l'arracanais, le tavoyi et le yo. Les noms suivants sont ceux des langues moins importantes de ce groupe : le khyen, le koumi, le kami, le mrou, le karén, le koui, le kho, le mou-tse. Parmi ceux-ci, le karen a acquis une réputation étendue grâce aux travaux des missionnaires américains. Les Karéns sont répandus en tribus nombreuses sur les hauteurs et dans les plaines, et divisés en clans distincts qui parlent les dialectes bien tranchés du Sgau, du Bghaï, du Pwo, du Toungthou ou Karenni et autres. Ils n'ont point de caractères d'écriture, sont païens et très arriérés comme civilisation. Les six autres langues sont incultes ; elles sont parlées par les montagnards de la chaîne des monts Yoma ou des hauteurs derrière la rivière Salwen.

Le sixième groupe est formé de huit langues parlées par les peuplades qui habitent dans les montagnes trans-himalayennes et dans les vallées situées derrière le grand versant; ce sont les langues gyarung, tchochu, manyak, takpa, harpa, kunáwari, bhotia de Lo et tibétaine. Les sept premières ne sont que des expressions linguistiques et géographiques, dont on ne connaît guère que l'existence et la situation; mais le kunáwari et le tibétain méritent une attention plus particulière. Le district de Kunawour est une partie du territoire du Raja de Bussahir, tributaire et dépendant de la province de Panjáb, quoiqu'il en soit séparé par la chaîne de Himaláya et le fleuve de Sutlej. La population, de race non-aryenne, est bouddhique, montagnarde et arriérée comme civilisation.

Cette langue a trois dialectes, le melchan parlé à Rampour, le tibarskad à Kunawur et le banan dans la petite subdivision de Lahul, dans le district de Kangra de la province de Panjáb. Selon Jäschke, le missionnaire morave de Lahul, ces deux derniers dialectes seraient un peu plus que de

simples dialectes et représenteraient véritablement un langage archaïque, à la fois
pré-aryen et pré-tibéto-birman; ou, en
d'autres termes, seraient la langue d'une
race qui aurait existé avant l'immigration
des premiers par le nord-ouest et des se-
conds par le nord-est. Si cela est exact,
leur vocabulaire doit être du plus grand
intérêt, et, comme la langue proto-babylo-
nienne découverte dans la Mésopotamie,
nous permettra de jeter un regard dans les
mystères d'un monde plus ancien. Pour le
moment, nous les classons comme dialectes
du kunáwari.

Nous arrivons maintenant à la grande
langue connue dans l'Inde sous le nom de
bhotia et en Perse sous celui de tibétain.
Dans l'Inde anglaise, on ne la parle que
dans un seul petit district, c'est-à-dire à
Lahul ou Spiti dans le Panjáb, et dans des
parties des territoires de chefs indigènes
sous le protectorat de l'Inde britannique,
c'est-à-dire le Maharaja de Kashmir, le Raja
de Bhotan et de Towang. C'est la langue
de cette vaste contrée inconnue, appelée

Tibet, qui s'étend derrière l'Himaláya et
dont la capitale est Lassa ; elle professe la
religion bouddhique et fait partie intégrante
de l'empire chinois. C'est une langue très
savante, qui a une écriture empruntée au
grand caractère indien, et une littérature
qui, depuis plusieurs siècles, est répandue
par une imprimerie indigène sur blocs de
bois gravés. Les Tibétains ont emprunté
à l'Inde leur religion et leur terminologie
religieuse ; le sanscrit a laissé une empreinte profonde dans leur littérature.
Cette langue n'a pas été étudiée en Europe
comme elle eût dû l'être ; il n'y a peut-
être pas actuellement cinq Anglais qui la
connaissent. Des Hongrois, des Allemands,
des Français ont compilé des grammaires
et on imprime en ce moment un dictionnaire qui a été préparé par Jäschke après
plusieurs années de résidence à Lahúl. Le
pays où se parle le tibétain a une étendue
immense. Avec le peu que nous savons
sur le tibétain, nous pouvons estimer que
l'espace prodigieux compris entre ses frontières s'étend depuis les confins du Dardis-

tan sur le fleuve Indus, jusqu'au voisinage
des tribus sauvages de la frontière d'Assam
sur le fleuve Brahmaputra. Il y a plusieurs
dialectes. Sur le territoire du Raja de
Kashmir nous rencontrons le balti, parlé
par la population mahométane d'Iskardo
ou Baltistan, qui est de race non-aryenne,
et le dah, parlé par les Dards bouddhistes
qui sont Aryens. Plus loin, vers le fleuve
Indus, nous trouvons le ladákhi, zanskári,
et le champas, parlé par les Polyandristes
bouddhistes non-aryens ; sur le cours supérieur du fleuve Ravi, nous trouvons un
dialecte du tibétain parlé à Spiti. Plus
loin encore, les régions inconnues du Ne-
pal séparent le Tibet de l'Inde anglaise ;
elles sont peuplées par une race non-
aryenne qui parle une quantité de dialectes tibéto-birmans indépendants. Dans le
royaume indépendant de Bhotan, nous
trouvons un autre dialecte de tibétain, le
Lhopa ou bhotáni, et le twang ou towang.
Il y en a sans doute beaucoup d'autres qui
seront connus, avec le temps, quand le
cours du fleuve Sampa aura été suivi de-

puis le haut de la vallée d'Assam jusqu'à Lassa ou elle devient le fleuve Brahma-putra.

Reste le septième groupe, celui de la Chine, dans lequel, vu l'insuffisance de notre science, six langues seulement sont comprises : le lolu, le mantse, le lisaw, le katô, le konhi et le tkia. Ce sont à peine des expressions géographiques et linguis-tiques, et comme notre science s'étend, ce groupe est capable d'une expansion infinie. Comme il se trouve en dehors des frontiè-res et de la civilisation des Indes Orienta-les, on aurait pu le négliger, n'eût été la convenance de former un groupe pour recevoir tout ce qui reste en dehors de la grande famille tibéto-birmane. Les lin-guistes futurs rempliront cette lacune. — Beaucoup d'auteurs persistent encore à représenter les deux grandes langues types, de cette famille comme monosyllabiques. Nous penchons à les classer dans la se-conde classe ou agglutinative, mais dans la phase primitive de cette méthode. Quand on les connaîtra aussi bien que les famil-

les aryennes et sémitiques, nous pourrons
en parler avec certitude, mais cela est impossible jusqu'à présent. Nous pouvons
nous risquer à émettre l'opinion que le
berceau de cette grande famille était situé
dans le plateau central de l'Asie, près des
sources des grands fleuves, l'Irawaddy, le
Salwen et le Mékong, et que la descente
de cette famille dans la plaine fut postérieure à celle des Mons, dont nous parle-
rons plus loin. Nous pouvons aussi risquer
cette hypothèse que la race kolarienne de
l'Asie centrale a été, à une époque quel-
conque, alliée à cette famille, et il est à
remarquer que la descente de la puissante
race aryenne le long du bassin du fleuve
Gange les a séparées à jamais, il y a plus
de deux mille ans.

Le huitième groupe, appelé groupe in-
sulaire, renferme dix langues parlées dans
les Andamans, les Nicobares et dans l'archipel Mergui.

La cinquième famille ne nous occupera
pas longtemps. Elle ne se compose que
d'une seule langue, le khasi, qui possède

quatre dialectes. Cette famille isolée, qui
a pour voisins au nord et au sud les
Aryens, à l'est et à l'ouest les Tibéto-
Birmans, occupe une aire très peu considérable, et a cependant conservé son individualité. Le missionnaire Pryse en a
publié, en 1855, une grammaire et un
vocabulaire. C'est la langue d'une seule
tribu, forte d'environ deux cent mille
âmes, qui vit sur la chaîne des collines
qui s'étendent au sud de la vallée d'Assam,
avec la tribu de Garo à l'ouest et celle de
Nagas à l'est. Elle n'a point de littérature,
point d'écriture et il y existe une variété de
vocabulaire et de prononciation : le dialecte de Cherapunji est considéré comme
son type. On a adopté le caractère romain
dans la grammaire ci-dessus indiquée et
dans le dictionnaire anglo-khasi publié
en 1875 par le missionnaire Roberts.

La sixième famille, connue sous le nom
de Taï, ou plus communément Shán, est
remarquable pour plusieurs raisons. Elle
s'étend géographiquement sur quinze degrés de latitude, en une bande étroite

depuis l'extrémité supérieure de la vallée d'Assam, dans l'Inde anglaise, traverse la vallée de l'Irawadie supérieur, dans le royaume indépendant de Birmanie, longe le fleuve Mékong, dans l'empire chinois et le royaume de Siam, et suit le fleuve Ménam jusqu'à Bangkock sur le golfe de Siam. Elle comprend sept langues : le siamois, le lao, le shan de Birmanie, le taï-mow de Chine, le khamti d'Assam, le minkia et l'aiton. Un fait donnera l'idée de l'état élevé de civilisation des peuples qui parlent cette famille de langues; presque chaque langue a une écriture particulière, variante de l'écriture indienne. La race taï doit avoir quitté le plateau central à une date antérieure à la migration des Tibéto-Birmans et postérieure à celle des Mon-Anam, dont elle traverse le pays comme un stratum géologique distinct, séparant cette famille de ses éléments constituants. Le siamois est la langue d'un peuple fier, hautain et civilisé, qui a soumis d'autres races et a conservé sa propre indépendance. Tous les membres de cette famille sont

bouddhistes, et avec cette religion pénétra
dans leur langue un grand flux du vocabulaire aryen, mais pourtant le fond de la
langue est monosyllabique. Dans la province soumise de Laos, en allant vers le
nord, nous trouvons une autre langue
dans un état grossier ; plus loin, nous
passons la frontière du Siam et entrons
dans la Birmanie indépendante, où nous
trouvons la langue shan, dont nous possédons une grammaire due au missionnaire
Cushing. Les Taï-Mows sont aussi appelés Chinois-Shans. Ils s'étendent des deux
côtés de la frontière indéterminée de la
Chine et de la Birmanie jusqu'au fleuve
Mékong ; leur langue est peu connue.
Autrefois, quand la puissance des Taïs était
très considérable, — avant la fondation du
royaume de Birmanie, — ils envahirent la
vallée d'Assam, en franchissant les chaînes
du Patkoi et une branche de cette race,
connue sous le nom de Ahom, fonda une
dynastie et donna son nom à la vallée. Les
immigrants aryens, du côté de l'Inde,
eurent une terrible lutte à soutenir pour

se maintenir contre ces puissants émigrants de l'Est. Les Ahom durent céder, et la langue qu'ils avaient laissée après eux est morte ; mais une caste puissante de cette race tient encore une partie des hauteurs appelée Nora ; elle se divise en deux branches, les Aï-kham ou Khamtees et les Aïtons.

La septième famille, ou Mon-Anam, comprend quatre langues qui nous sont assez connues et seize sur lesquelles nous ne savons rien de plus que la probabilité de leur existence. Les langues connues sont : le pégouan ou mon, le cambodgien, l'annamite et le paloung ; les idiomes inconnus sont ceux de ces tribus sauvages qui vivent dans le bassin du fleuve Mékong ; le lieutenant Garnier, dans son voyage d'exploration, en a rapporté des vocabulaires peu importants. L'examen d'une carte linguistique fera voir comment les familles Taï et Tibéto-Birmane se sont répandues, comme des flots de lave, à travers le territoire de la langue mon-anam, et l'ont séparée en fragments qui n'ont plus

aucun rapport entre eux. Les Mons de
Pegu furent autrefois puissants; mais les
Birmans les renversèrent, et nation et
langue étaient sur le point de disparaître,
quand la cession du delta du fleuve Irawaddy au gouvernement anglais leur donna
une nouvelle existence. Beaucoup de Pe-
guans exilés s'établirent dans le royaume de
Siam, à l'époque de l'oppression birmane,
et ne sont jamais revenus dans leur patrie.
Le nombre de ceux qui parlent cette langue
peut être de cent quatre-vingt mille. Ils ont
une écriture qui leur est particulière et
une certaine dose de littérature dérivée du
pali, leur langue religieuse. Toute cette
famille mon-anam est bouddhiste et sa
langue est monosyllabique. Il est curieux
de remarquer que, de même que l'intervention de l'Angleterre a sauvé la nation
et la langue mon, de même l'intervention
de la France a sauvé les Cambodgiens, qui
occupaient le delta du fleuve Mékong et
avaient une civilisation très ancienne, antérieure et parente à la civilisation des
Siamois. Ils emploient un langage archaï-

que et une écriture différente du caractère
moderne; il leur reste des ruines de temples
magnifiques, mais leur vie nationale a été
amoindrie par les attaques incessantes de
leurs puissants voisins de droite et de
gauche, les Siamois et les Annamites, qui
se seraient partagé le pays et se seraient
battus pour en avoir la possession entière
sans l'arrivée d'une puissance plus forte,
la France, qui acheta la neutralité des
Siamois par la cession d'une portion de
territoire, en annexa une autre, et conserva
sous son protectorat un royaume de Cambodge plus réduit. Cette langue est parlée
par un million et demi d'habitants. Elle
possède un certain nombre de dialectes.
Nous devons aux Français tous les renseignements que nous possédons sur elle et
nous pouvons compter en recevoir beaucoup encore.

Nous atteignons ici l'extrême limite de
la grande civilisation aryenne qui, par ses
langues mortes et sacrées, le sanscrit et le
pali, a pénétré la littérature des langues
indo-chinoises. Avec la langue annamite

nous nous trouvons dans un nouveau monde. On affirme, et nous acceptons provisoirement cette assertion, que la langue de l'Annam ou Cochinchine appartient à la famille mon-anam ; mais la civilisation, la forme bouddhique et l'écriture sont empruntées à la Chine. Ce pays s'étend le long de la mer de Chine ; il se compose de trois provinces, Tonquin, Annam et Saïgon ; cette dernière est maintenant une colonie française. Depuis longtemps les Français avaient un pied-à-terre dans ce pays, et il nous ont fourni des grammaires et des dictionnaires.

La quatrième langue de cette famille est le paloung, qui est l'organe d'une race sauvage, isolée au milieu des Birmans et des Shans ; nous n'en connaissons que des vocabulaires peu complets.

La huitième famille se compose de dix groupes ; ici nous entrons dans un monde absolument nouveau, bien que, jusqu'à un certain point, la civilisation de l'Inde se fasse sentir dans une partie de ce champ. Quelques auteurs la rangent dans la catégorie générale de Polynésienne, mais il est plus convenable de limiter notre sujet à cette partie seulement qui peut être considérée comme malaise. Son champ se compose d'un archipel de grandes et de petites îles, qui s'étendent de la côte de Chine à celle d'Afrique. Ethnologiquement parlant, nous avons affaire à deux races, l'une à peau brune et à cheveux plats, l'autre aux cheveux frisés et de type négrito. Beaucoup de parties du champ de cette langue ne sont que très imparfaitement connues, et les races qui l'occupent sont dans l'état de sauvagerie le plus bas et le plus abject, quoique toute cette étendue ait été, depuis plus de deux cents ans, plus ou moins soumise à l'action des Anglais, des Hollandais, des Espagnols et des Portugais.

Le premier groupe est celui de Sumatra-Malacca. Le malais a une double importance, comme langue spéciale d'une certaine région et comme *lingua franca* de tout l'archipel. Sa région spéciale est la presqu'île de Malacca en terre ferme, partie dans le royaume de Siam, partie sous des chefs indépendants soumis au protectorat du gouvernement anglais ; une partie de l'île de Sumatra, les îles de Banca, de Billiton et l'archipel de Rhio-Lingga. Les individus qui parlent cette langue sont au nombre de deux millions et demi et sont mahométans ; ils ont adopté le caractère arabe. La littérature est abondante et cet idiome est une des grandes langues indigènes du monde ; il a une capacité à absorber les éléments étrangers, une liberté de toutes restrictions grammaticales, une facilité à se plier à la civilisation nouvelle et une puissance d'expression qui ne se rencontrent à un degré égal que dans les langues anglaise et hindoustáni. Dans les forêts de la péninsule de Malacca vivent des races sauvages, dans un état de barbarie, qui sont provisoirement classées comme Malaises. Elles sont connues sous le nom de Orang Binwah, les hommes du sol. Quelques unes d'entre elles, les Jakuns, sont évidemment des Malais à l'état sauvage ; mais les Samangs sont incontestablement des Négritos.

Dans l'île de Sumatra nous trouvons cinq langues : l'achinais, le batak, le rejang, le lampung, et le korinchi. Ceux qui parlent la première sont mahométans, possèdent un certain degré de civilisation, emploient les caractères arabes et font aux Hollandais une guerre d'indépendance ; les peuplades qui parlent les quatre autres langues sont payennes. Les premiers sont dans un état de civilisation si arriéré qu'ils pratiquent un cannibalisme d'un caractère monstrueux ; ils mangent leurs parents âgés ; et pourtant les Bataks ont trois dialectes distincts, une écriture qui leur est spéciale et quelque peu de littérature, écrite sur des feuilles de palmier. Cette langue a été étudiée et commentée par le savant Hollandais van der Tuuck : les Rejangs et les Lampungs ont aussi des caractères d'écriture indigènes et différents. En vue de Sumatra sont plusieurs petites îles ; les habitants de quelques unes d'entre elles parlent des idiomes de même famille que ceux des côtes de la grande île, tandis que les habitants des autres sont ab-

solument inintelligibles. Il y a onze langues dans ce groupe.

Dans le second groupe, celui de Java,
nous rencontrons encore des traces de la
grande civilisation aryenne de l'Inde, car,
il y a plusieurs siècles, quelques Brahmanes aventureux, probablement de la côte
Telinga, ou, selon l'avis de plusieurs savants, de la côte de Cambodge, portèrent à
Java leur religion, leurs livres sacrés, leur
civilisation, et cette île devint le siège d'une
grande et puissante monarchie hindoue.
Quand le torrent mahométan s'abattit sur
Java, le reste des Hindous se sauva avec
ses manuscrits dans la petite île de Bali,
où ils se sont maintenus jusqu'à ce jour.
Avec les ruines de temples magnifiques, il
s'est conservé jusqu'à nos jours une langue
archaïque, connue sous le nom de káwi,
considérée quelque temps comme une langue aryenne et une forme dégénérée du
sanscrit; maintenant on reconnaît qu'elle
appartient à la famille malaise, qu'elle est
un javanais archaïque surchargé de mots
empruntés au sanscrit. Dans cette langue

nous trouvons une littérature considérable
et très intéressante, écrite avec un caractère d'origine indienne, et d'un type absolument indien ; cette littérature ne se
compose, en réalité, que des vieilles légendes du Ramayana et du Maha-Bha-
rata, librement reproduites par les auteurs
indigènes. Les îles de Java, de Bali et de
Lompok, appartiennent aux Hollandais.
Dans la plus grande de ces îles se rencontrent trois langues distinctes, mais de
même origine ; toutes trois sont éclaircies
par des grammaires et des dictionnaires ; le sundanais est parlé par quatre
millions d'habitants ; le javanais, par treize
millions et demi ; le madurais, par un million et demi ; toutes ces peuplades im-
ploient la même écriture et sont mahométanes. Dans l'île de Bali et sur le littoral de
l'île de Lompok, l'idiome indigène est le
balinais. La population, d'un demi million, est hindoue ; l'intérieur de l'île de
Lompok est occupé par un peuple entière-
ment différent qui parle une langue nommée sassak ; ce sont des mahométans au

nombre de trois cent quatre-vingt mille.

Traversant la mer de Java, nous arrivons au groupe des Célèbes. Ici les Hollandais règnent en maîtres comme dans le reste de l'Archipel, et nous leur devons la connaissance de huit langues, que nous enregistrons, bien qu'il y en ait, sans doute, beaucoup d'autres. Le macassar, le bouton et le bougi, sont des langages définis, parlés par une population mahométane douée d'une certaine civilisation et d'une grande activité commerciale ; nous y trouvons une écriture particulière et quelques ouvrages élémentaires ont été publiés. La Bible a été traduite dans cette langue et dans les autres idiomes de cette famille. Les missionnaires hollandais sont les pionniers de la science linguistique et rivalisent dignement avec leurs frères de l'Inde anglaise.

Au nord des Célèbes nous trouvons les Alfurais ou Harafuras ; c'est le nom portugais des tribus « hors de la frontière », expression composée de l'article arabe et du mot « *fuori* », ou « extérieurs ». Sous

cette appellation générale sont comprises
beaucoup de tribus sauvages payennes, imparfaitement connues, ayant la pratique
diabolique de la « chasse aux têtes », accu-
mulant par tous les moyens possibles, *per
fas et nefas*, les têtes de leurs semblables
dont le nombre atteste leur valeur. On n'a
presque pas de données certaines sur le
langage de ces sauvages. Leur existence
montre l'importance, pour la cause de la
civilisation, de l'œuvre accomplie par les
sectateurs des religions hindoue, bouddhique et mahométane.

Au-delà des îles Célèbes se trouve le
quatrième groupe, l'île de Bornéo, sous
l'équateur, une des plus grandes qui soient
au monde. Le littoral est colonisé par des
Malais, des Bougis, des Javanais, des Chinois, selon que les côtes de l'île s'offraient
à ces diverses nationalités. Actuellement
les Hollandais dominent sur une partie
de l'île, le reste est indépendant. Le malais
est la langue du littoral ; l'intérieur peut
se diviser sommairement entre le dhyak et
le kyan. On cite beaucoup d'autres noms

de langues et de tribus, mais ils n'ont point de valeur dans l'état actuel de notre science. Les langues sont au nombre de douze.

Au nord, nous arrivons au cinquième groupe, les îles Philippines, découvertes par les Espagnols qui les possèdent encore. En dehors des douze langues imparfaite-ment connues, quatre bien déterminées se présentent comme types des langues du cinquième groupe, plutôt que comme leur énumération complète : le tagal, l'iloko. le pampanga et le bisayen. Les Philippi-nes se composent de deux grandes îles et d'une quantité de petites ; l'intérieur de la plus grande et beaucoup des petites ne sont ni explorés ni possédés par les Espa-gnols, soit par faiblesse, soit par indiffé-rence. Les Espagnols ont publié un grand nombre de grammaires ; la masse de la population est nominalement catholique romaine. Nous n'avons de connaissances certaines ni sur les dialectes des langues connues, ni sur les populations ; telles tribus placées sous la domination espagnole sont payennes ou mahométanes.

Le sixième groupe comprend les Moluques ou îles des épices. Le malais est pratiquement la langue de ce groupe, car c'est l'instrument de communication pour toutes les tribus indigènes entre elles aussi bien qu'avec les Européens. Les savants hollandais ont essayé d'étudier et de décrire les diverses langues de ces îles, et nous pouvons espérer des renseignements plus complets. On a enregistré dix langues.

Le septième groupe est le plus grand de tous les casse-têtes linguistiques. Sur la carte nous apercevons un long cordon d'îles s'étendant de Java à Papoua. Ce sont des îles à eaux profondes dont la faune et la flore ne ressemblent en rien à celles du continent asiatique; on y trouve une population de Négritos, de même origine que les Papous, bien qu'ils soient absolument inconnus à Sumatra, Java, les Célèbes et Bornéo, soit qu'ils n'y aient jamais existé ou plus probablement qu'ils aient été tous massacrés; il en existe pourtant dans la péninsule de Malacca, ainsi que

nous l'avons déjà indiqué. Dans ce groupe
de Timor, nous avons noté dix-huit langues; dans quelques-unes de ces îles se trouvent des établissements malais; il résulte de
l'étude des populations de ce groupe l'impression d'un état de barbarie sans mélange
et sans remède. Les étendues sont trop
petites, la population trop insignifiante
pour qu'on puisse espérer quelque amélio-
ration sous un climat mortel et sans
aucune production agricole de quelque valeur. Dans l'ouest de l'île de Sumbawa, la
langue est la même que celle de sa voisine,
Sassak, déjà citée. A l'est de Sumbawa et
à l'ouest de Flores, le langage est le bima.
Au centre de Flores, c'est le endeh. Dans
l'est de l'île de Flores, dans les îles adja-
centes de Solor et d'Allor, se parle une langue de même famille que l'endeh. La même
remarque s'applique au langage de l'île
de Sumba, dans la limite de notre science.
Le langage de l'ouest de la grande île de
Timor est appelé le timourais; celui de
la côte orientale porte le nom de této. La
langue la plus connue dans l'île de Ser-

wati est le kissa. Les idiomes des îles de
Savoe et de Rotti ont une individualité
distincte. Les Hollandais sont maîtres de
tout ce groupe, excepté du petit établissement portugais de Dili, seul reste des
grandes conquêtes de ce peuple dans l'est.
Nous ne possédons que des vocabulaires
de toutes les langues que nous venons
d'énumérer ; le nombre de ces idiomes
différents deviendra peut être plus considérable ou, au contraire, se résoudra en
dialectes de deux ou trois langues capitales.
L'intérêt linguistique que présente une
étude spéciale de ce sol vierge est immense.

En approchant de la Nouvelle-Guinée
nous pouvons espérer voir apparaître de
nouveaux éléments. La *Polynesia Po-
lyglotta* de M. Whitmee, actuellement
sous presse, jettera une grande lumière
sur ces points obscurs.

Il faut aller loin au nord-est pour trouver le huitième groupe. Au nord des Philippines est l'île de Taiwan ou Formose,
qui fait partie des domaines de l'empereur
de la Chine. La moitié de cette île, le

littoral et la plaine, est occupée par des
Chinois d'Amoy, mais la partie monta-
gneuse est peuplée par une race d'origine
et de langue malaise. Nous les rencontrons
dans deux états de civilisation ; soit à
moitié civilisés, soit absolument sauvages,
mais toujours payennes. Nous ne pouvons
que faire des hypothèses sur l'époque, où
les vents amenèrent des Philippines les
premiers colons ; l'absencè de tout mot
aryen dans leur vocabulaire indique une
époque antérieure à l'arrivée des colons
hindous dans l'archipel.

Pour trouver le neuvième groupe de la
grande famille malaise, nous devons franchir sur le grand océan Indien plusieurs
degrés de longitude ouest, jusqu'à ce que
nous arrivions à Madagascar, à peu de
distance de la côte de l'Afrique méridionale. Cinq sociétés de missionnaires
chrétiens y ont établi des missions importantes ; l'instruction s'y donne d'une
manière éclairée ; on y a traduit la Bible,
que l'on corrige en ce moment. Ce ne sont
donc pas les renseignements qui manquent

et la balance paraît pencher d'une façon évidente vers l'opinion qui admet une seule langue générale pour toute l'île, avec certains dialectes bien déterminés. Les savants français et anglais ont publié des grammaires et des dictionnaires, et le savant hollandais van der Tuuk s'est appliqué à rechercher à quelle famille appartient le malgache, seul représentant de ce groupe ; son opinion, d'accord avec celle du missionnaire Cousins, chargé de la traduction de la Bible, est qu'il dépend de la famille malaise. Quel vent fortuit, soufflant de l'est, a apporté ici de la côte de Sumatra les premiers colons? Nous n'en savons rien, de même que nous ignorons la parenté positive de la langue de la division papoue du grand empire polynésien ; mais ces problèmes recevront bientôt une solution, car les lignes d'opérations de Van der Tuuk dans le domaine du malais, de Whitmee dans celui du polynésien, de Cousins et autres dans celui du malgache, convergent graduellement vers le même point.

Dans le dixième groupe de la famille malaise nous avons rassemblé les onze langues des Alfurais et des Négritos, qui ne sont certainement pas de race malaise.

Nous avons donc parcouru les huit grandes familles de langues parlées actuellement dans les Indes Orientales, prises dans leur acception la plus large, et dans ces régions extérieures et ces îles qui, par nécessité linguistique, se sont trouvées comprises dans les limites de notre sujet. Nous avons épuisé la patience de nos lecteurs, mais nous sommes loin d'avoir épuisé notre sujet. Il existe deux cent quarante-trois langues et, si nous touchons à la question des dialectes, nous devons assurément élargir nos limites, car l'hindi, à lui seul, possède cinquante huit dialectes, et l'obscur kiranti du groupe népalais, de la quatrième famille, en a dix-sept. Il est merveilleux, comme chaque année apporte sa part à la masse commune en corrigeant quelque erreur, ou ajoutant un renseignement positif tiré de sources originales.

Pline, l'historien romain, raconte que

cent trente dialectes se parlaient sur la place du marché de Colchis. Il faut accepter ce dire avec quelque réserve, autant de réserve que lorsque nous lisons l'énumération des langues dont le cardinal Mezzofanti avait une bonne connaissance pratique. L'immense variété des langues s'est imposée à l'attention de toute personne qui réfléchit. Nous trouvons dans l'histoire de la Tour de Babel un essai d'explication de ce problème, et un remède à ses inconvénients dans la révélation — Pentecôte — de la science linguistique, bien qu'elle ne porte que sur un nombre de langues très limité. Une conception beaucoup plus large de l'infini de ce sujet se présente dans ce passage des Révélations : « Je regardai et vis nne grande multitude, que personne ne pouvait compter, de nations et de peuples, et de parentés et de langues. »

Nous sommes loin d'avoir terminé notre étude pour l'Inde anglaise. Nous avons été avisé, il y a quelques mois, que le gouvernement anglais ne veut pas admettre que le brahúi soit distinct du belúchi. Nous lisons dans un court rapport administratif sur le Panjáb, que la langue hindoustanie est une de celles qui se parlent dans tous les districts de cette province. Que cette langue soit parlée par les employés de l'Etat, c'est possible! Dans cette acception, l'anglais est également une des langues qui s'y parlent. Mais comment peut on conduire l'administration dans les provinces centrales de l'Inde anglaise où le marathi, le telugu, l'uriya, l'hindi et le gond sont parlés dans divers districts, — comment n'est-il pas fait mention de dialectes tels que le chutisghuri et le nimari qui sont incompréhensibles pour quelqu'un qui connaît l'hindi ordinaire. Comment se font rendre la justice dans leurs propres langues les races kolariennes sauvages, les Sontháls et les Kols de l'Inde centrale, les Kachári, les Mishmi, les Khampti, et les Khasi? Paye-t-on des interprètes honnêtes? ou bien le peuple de ces pays devient-il bilingue? il est impossible d'éviter cette question. Depuis l'admission des fonctionnaires publics par le concours, il est de notoriété, que le ni-

veau de la science des langues du pays
a prodigieusement baissé, même en ce
qui regarde la langue ordinaire. Il y a
encore dans l'Inde quelques savants remarquables, mais on n'apas encore répondu à cette question. Les fonctionnaires européens comprennent-ils ce que
disent les gens, qui ont une affaire,
ou non? S'ils ne le peuvent pas, a-t-on
pris des mesures pour avoir des interprètes?

Il y a trente ans, que savait-on de la
science linguistique en général et des langues indiennes en particulier? Csoma de
Körös avait bien, il est vrai, révélé le secret
du tibétain, Leech avait écrit de petites
grammaires brahúi, kashmiri et pushtu;
et ces deux savants étaient morts, trop tôt,
hélas! pour la science. Le vétéran Brian
Hodgson rassemblait et comparait encore
les vocabulaires et annonçait comme découvertes ce qu'on admet maintenant
comme faits. Rawlinson venait de passer
à Calcutta, en route pour Bagdad, avec la
ferme volonté de copier, déchiffrer et tra-

duire les inscriptions trilingues de Béhis-
tun ; mais d'une classification des langues
de l'Inde, de l'existence du groupe kolarien, du nombre des langues dravidiennes,
on ne savait rien ; les missionnaires et les
quelques fonctionnaires ayant le goût de
ces choses, n'avaient pas encore fourni
des matériaux pour généraliser. Peut-être,
après une nouvelle période de trente années, la liste des langues des Indes Orientales, que nous venons d'établir, viendra
à tomber sous les yeux d'un administra-
teur ou d'un professeur de cette époque,
qui, se plaçant au point de vue des connaissances qui seront acquises alors, ob-
servera que l'auteur de ces lignes était bien
ignorant en n'assignant que deux cent
quarante-trois langues aux Indes Orientales, quand en réalité leur nombre dépasse
six cents, à l'exclusion des dialectes et de
quelques groupes qui ne sont pas encore
rattachés à leur famille propre ; cette accu-
sation ne nous fera pas tressaillir dans
notre tombeau, pourvu que notre juge,
s'en tenant aux règles prudentes de la

science, porte un jugement sain après une
diagnostique rigoureuse. Nous souhaitons
vivre assez longtemps pour lire sa description plus correcte et plus complète des
langues des Indes Orientales. Nous avons
fait de notre mieux et laissons un point de
départ pour les savants à venir.

Londres, avril 1878.

FIN

TABLE

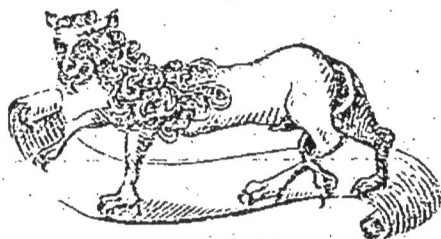

Le Puy, imp. de Marchessou fils, boulevard St-Laurent, 23

ERNEST LEROUX, ÉDITEUR, RUE BONAPARTE, 28

BIBLIOTHÈQUE ORIENTALE ELZÉVIRIENNE

www.ingramcontent.com/pod-product-compliance
Lightning Source LLC
Chambersburg PA
CBHW070611100426

42744CB00006B/455